铁路机车车辆驾驶人员资格理论考试重点解析系列丛书

# 机车乘务员专业知识重点难点精讲（电力直流）

《铁路机车车辆驾驶人员资格理论考试重点解析系列丛书》编委会　编

中国铁道出版社有限公司

2022年·北　京

# 前　言

本书以《铁路机车车辆驾驶人员资格理论考试大纲》为依据，将机车乘务员专业知识重点难点按考试大纲中的知识点进行重构，本着职业培训——在校生学习一体化原则，以知识点为线索，按题目、解析和答案三部分对题目进行讲解，每道题都有完整的解析，并将相同知识点的题目进行合并，方便学习者归纳总结，为机车乘务员和职业院校学生提供学习资料。

本书共分为两篇。第一篇通用知识，包括电工电子、电机电器、机车运用与统计知识、机车保养与整备作业、牵引计算与列车操纵、列车制动、行车安全装备。第二篇专业知识，包括总体与转向架，高、低压电器及辅助电气系统，牵引电传动控制系统，空气管路与制动系统(DK-1型)，故障处理。

本书由任佳栋、刘玮担任主编。第一、二章由王丽娜编写，第三、四、五章由戴建勇、任伟皓、赵立东编写，第六章由吴秀霞编写，第七章由戴建勇、郭志明编写，第八章由刘玮编写，第九章由王丽娜、刘玮编写，第十章由李辰佑、李亚汝编写，第十一章由吴秀霞、刘玮、李志南编写，第十二章由贺保华编写。

由于编写创作水平有限，教材中难免有缺陷和不足，恳请广大读者批评指正。

编　者

2022年1月

# 目　　录

## 第一篇　通用知识



## 第二篇　专业知识

# 第一篇

# 通用知识

# 第一章 电工电子

## 第一节 电工基础知识

### 一、电阻

**1.【题目】**

(1)电子在导体内移动时,导体阻碍电子移动的能力称为电压,用 $U$ 表示。( )

(2)一般电阻的阻值与导体( )成正比,与导体截面成反比。

**【解析】** 考查的是导体电阻的概念及特点。

电子在导体内移动时,导体阻碍电子移动的能力称为电阻,用 $R$ 表示。

不同的导体有不同的电阻值。一般电阻与导体截面成反比,与导体长度成正比。在一般情况下,温度高,电阻值大;温度低,电阻值小。

**【答案】** (1)错;(2)长度。

**2.【题目】**

增大接触面积,接触电阻也将增大。( )

**【解析】** 考查的是影响接触电阻大小的因素。

两个导体相接触,在它们之间产生的电阻称为接触电阻。接触电阻的大小与导体的接触情况及导体的材料有直接关系。为减少接触电阻,在电器主触头上装有研磨弹簧,以保证触头在接触时有足够的研距和超程,增加接触压力和消除氧化膜。在小型触头表面,则采用镀锌或镀银的方法,防止氧化,提高导电性能,以减少接触电阻。另外,机车上的导线接头采用镀锡或用锡焊接的线鼻子,同时用螺栓紧固,使其接触牢固,增大接触面积,减少接触电阻。

**【答案】** 错。

**3.【题目】**

导体中通过电流时产生的热量与电流值、导体的电阻及电流通过导体的时间成正比。(  )

**【解析】** 考查的是焦耳—楞次定律。

导体中通过电流时产生的热量与电流值的平方、导体的电阻及电流通过导体的时间成正比。用公式表示即

$$Q=I^2Rt$$

式中:$Q$——热量(J);$I$——电流(A);$R$——电阻(Ω);$t$—时间(s)。

**【答案】** 错。

## 二、电路的三种工作状态

**4.【题目】**

(1)由于电路中发生不正常接触而使电流通过了电阻几乎等于零的电路称为(  )。

A. 短路　　B. 断路　　C. 接地

(2)什么叫断路?短路?短路有何危害?

**【解析】** 考查的是断路、短路的含义及短路的危害。

使电流中断而不能流通的电路称为断路。由于电路中发生不正常接触而使电流通过了电阻几乎等于零的电路称为短路。电源被短路时,由于电路电阻极小,而电流会立即上升到最大值,使电路产生高热,从而使电源、各用电器、仪表等设备损坏。

**【答案】** (1)A;(2)答案见解析。

## 三、三相交流电

**5.【题目】**

(1)三相交流电各相绕组的首端与尾端之间的电压称为(  )。

(2)三相交流电机采用星形接法时,线电压与相电压的关系是(  )。

A. $U_{线}=U_{相}$　　B. $U_{线}\approx1.732U_{相}$　　C. $U_{相}\approx1.732U_{线}$

**【解析】** 考查的是相电压、线电压的定义及它们之间的关系。

各相绕组的首端与尾端之间的电压称为相电压，分别用 $U_A$、$U_B$、$U_C$ 或 $U_{相}$ 表示。各相绕组的首端与首端之间的电压称为线电压，分别用 $U_{ab}$、$U_{bc}$、$U_{ca}$ 和 $U_{线}$ 表示。

当三相交流电机采用星形接法时，线电压与相电压的关系是 $U_{线}=\sqrt{3}U_{相}\approx1.732U_{相}$。

**【答案】** (1)相电压；(2)B。

## 四、自感、互感

### 6.【题目】

两个独立回路中的线圈，彼此靠近。一个回路线圈中电流发生变化，另一个线圈产生感应电动势。其电动势称为互感电动势。(　　)

**【解析】** 考查的是互感电动势的概念。

若有两个线圈彼此靠近，形成两个独立回路，其中一个回路通过变化的电流，线圈周围产生变化的磁场，磁场切割相邻线圈，使相邻线圈同时产生感应电动势，这种现象称为互感，其电动势称为互感电动势。

**【答案】** 对。

## 五、万用表

### 7.【题目】

(1)万用表用毕后，应将“选择开关”拨到电阻挡位上，防止两笔短接消耗表内电池。(　　)

(2)使用万用表选用量程时，应尽可能使用表针移动至满刻度的(　　)左右为宜。

A. 1/3　　B. 1/2　　C. 2/3

**【解析】** 考查的是万用表的使用注意事项。

(1)为保证测量时的准确性和操作安全，切勿用手接触电笔金属部分。

(2)选用量程时,应尽可能使表针移动至满刻度的 2/3 左右为宜。(3)“Ω”挡调不到“0”时,说明表内电池电压不足,应更换电池。(4)使用电流挡时,禁止将表笔跨接(并联)电路,否则将会烧损万用表。(5)测电阻时,一定不能带电测量。(6)万用表用毕后,应将“选择与量程开关”拨到电压或电流挡位上,防止两笔短接致使表内电池很快消耗掉。

**【答案】**(1)错;(2)C。

## 六、过电压

### 8.【题目】

(1)含有匝数很多并带有铁芯线圈的各种电器的电路,在电路开断时容易产生过电流。(　　)

(2)过电压会使直流电机绕组(线圈)造成(　　)等事故。

**【解析】**考查的是过电压的定义及过电压对直流电机的危害。

在电路中,如含有匝数很多并带有铁芯线圈的各种用电器,该电路的电感必然很大,因此,在电路开断或电路电流的大小、方向发生变化时,所产生的自感电动势数值往往会超过电源电势很多倍,这就叫过电压。

过电压往往使电器触头产生电弧而烧损,使电机、电器设备引起绝缘击穿等事故。

**【答案】**(1)错;(2)绝缘击穿。

## 七、变压器

### 9.【题目】

(1)变压器是根据互感原理制成的一种能把直流电从一个电压值转换为另一个不同电压值的静止电器。(　　)

(2)变压器是根据(　　)原理制成的一种能把交流电从一个电压值转换为另一个不同电压值的静止电器。

(3)变压器只能改变交流电压,不能改变直流电压。(　　)

(4)变压器可以改变交流电压,也可以改变直流电压。(　　)

**【解析】** 考查的是变压器的定义及原理。

变压器是根据互感原理制成的一种能把交流电从一个电压值转换为另一个不同电压值的静止电器。变压器是由两以上匝数不同的线圈绕在一个构成闭合回路的铁芯上组成的。如图 1-1 所示。

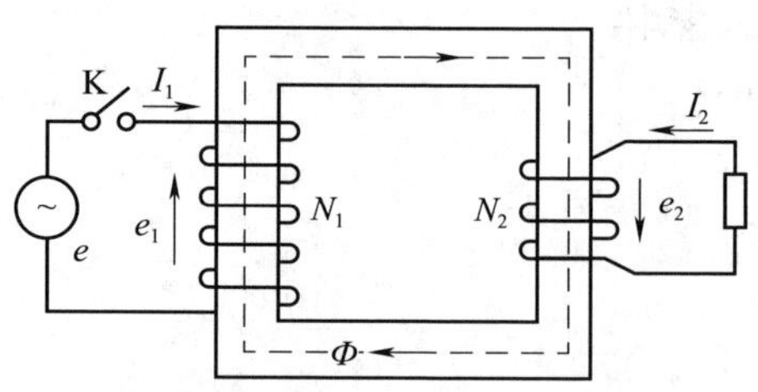


图 1-1 变压器工作原理

根据电磁感应原理,线圈中的磁通量发生变化时(增大或减小),在线圈中能感应出感应电动势,由于交流电能产生变化的交变磁通,所以能变压;而直流电的大小不变,所以在原边线圈中的磁通不发生变化,则次边线圈中不能产生感应电动势也就不能变压。

**【答案】** (1)错;(2)互感;(3)对;(4)错。

# 第二节 电子基础知识

## 一、三极管

### 10.【题目】

晶体三极管有放大和截止两种工作状态。( )

**【解析】** 考查的是晶体三极管在电路中的工作状态。

晶体三极管工作时有 3 种工作状态:放大、截止、饱和。

(1)放大状态:若使三极管工作在放大状态,须将发射极加上适当的正向电压,同时使集电极承受反向电压。

(2)截止状态:若使三极管工作在截止状态,必须使发射极加负偏压或零偏压,即,使基极电流小于零,此时集电极一般也承受负偏压。

(3)饱和状态:若使三极管工作在饱和状态,必须使发射极加上一定的正偏压,且使基极电流足够大,此时,集电极也承受正向偏压。

**【答案】** 错。

## 11.【题目】

当把三极管接入电器时,(　　)电流的微小变化,将引起集电极电流及发射极电流较大的变化。

**【解析】** 考查的是三极管的放大作用。

当把三极管接入电路中时,基极电流的微小变化将引起集电极电流 $I_c$ 及发射极电流 $I_e$ 较大的变化,这就体现了三极管的电流放大作用。

如基极电流变化量为 $\Delta I_b$,相应引起集电极电流的变化量为 $\Delta I_c$,则评价三极管电流放大能力的电流放大系数($\beta$)为:$\beta = \Delta I_c / \Delta I_b$。

**【答案】** 基极。

## 12.【题目】

三极管的好坏可以通过用万用表测量(　　)的正向、反向电阻来判别。

A. 集电极　　　　B. 发射极　　　　C. 基极

**【解析】** 考查的是用万用表测量三极管好坏的方法。

即三极管的好坏可以通过用万用表测量发射极的正向、反向电阻来判别。

测量方法:测 PNP 管时,用万用表黑表笔接触基极 b,红表笔接触集电极 c 时,测得的阻值便是集电极的反向电阻值。然后黑表笔仍接基极,用红表笔接发射极,所测得的电阻值便是发射极的反向电阻值。这两个阻值应尽可能大,若此值接近于零,则三极管可能击穿,不能使用。

然后再测发射极及集电极的正向电阻。

测量方法:基极接红表笔,集电极接黑表笔,这时的 b、c 的 PN 结加正向电压,所测得的电阻值便是集电极的正向电阻值。使基极仍接红表笔,若发射极接黑表笔,这时的 b、c 的 PN 结加正向电压,所测得的电阻值,便是发射极的正向电阻值,这两个正向电阻值越小,表明三极管质量越好。

**【答案】** B。

## 二、整流电路

### 13.【题目】

在一周期内只通过半个周期交流电,这样的整流方式为(　　)。

A. 半波整流　　B. 全波整流　　C. 桥式整流

**【解析】** 考查的是半波整流、全波整流、桥式整流的定义。

在每一次正弦周期内只通过半个周期交流电的电流,这样的整流叫半波整流,如图 1-2 所示。

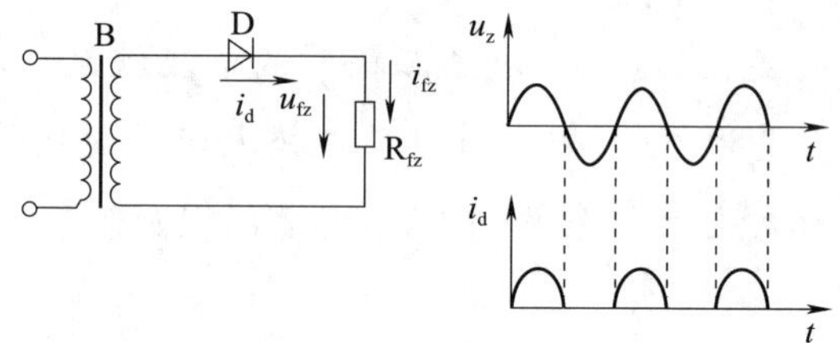


图 1-2　半波整流

全波整流包括两个半波整流的电路,使正弦波交变电流的正负半周分别通过两个半波整流电器的二极管 $D_1$ 及 $D_2$,将两个方向不同的 $i_{d1}$ 及 $i_{d2}$ 电流合为一个方向相同的 $i_d$ 电流通过负载,如图 1-3 所示,这样的整流叫全波整流。

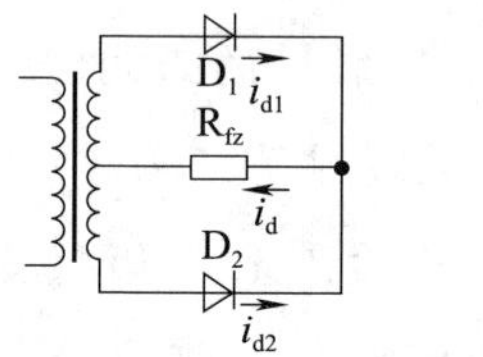


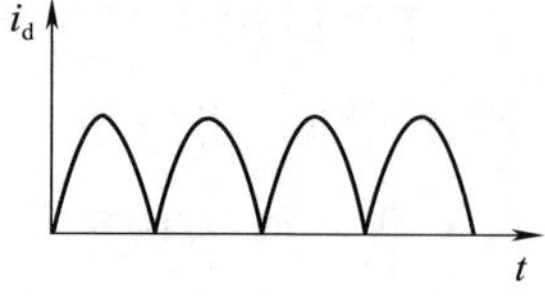


图 1-3　全波整流电路

桥式整流由 4 个二极管组成,桥式整流也是全波整流,所以其输出直流平均电压 $U_2$ 与全波整流相同,其整流工作过程如下:当变压器次级输出电压 $U_2$ 为正半波时,$D_1$、$D_3$ 受正向电压而导通,电流沿着从上至下的方向通过负载,其输出电流为 $i_1$,如图 1-4 所示。

当变压器次级输出电压 $U_2$ 为负半波时,$D_2$、$D_4$ 受正向电压而导通,电流也从上到下通过负载,其电流为 $i_2$。

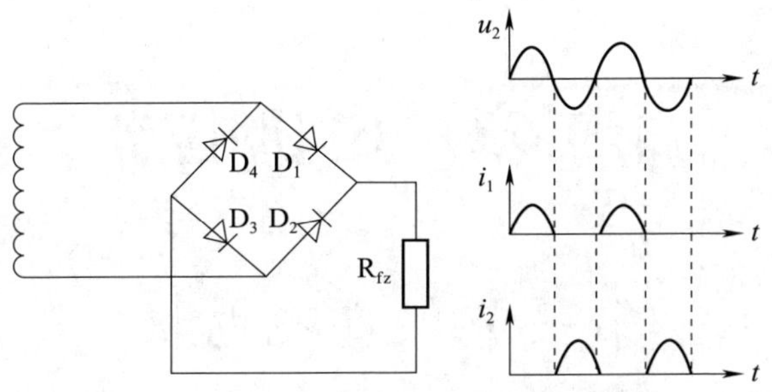


图 1-4　桥式整流电路

**【答案】** A。

# 第二章　电机电器

## 第一节　直流电机

**1.【题目】**

把输入的直流电变为机械能输出的机械设备,叫作(　　)。

A. 直流电动机　　B. 直流发电机　　C. 变压器

**【解析】** 考查的是直流电动机、直流发电机、变压器的概念。

把输入的直流电变为机械能输出的机械设备,叫作直流电动机。把输入的机械能变为直流电能输出的电机叫直流发电机。

变压器是根据互感原理制成的一种能把交流电从一个电压值转换为另一个不同电压值的静止电器。

**【答案】** A。

**2.【题目】**

直流电机具有可逆性,在机车牵引时作为电动机运行,在机车电阻制动时作为(　　)运行。

**【解析】** 考查的是直流电机的可逆性能。

不论直流电机或交流电机都具有可逆性。所谓可逆性,就是同一电机既可以作为发电机工作,又可以作为电动机工作。在电传动机车上,在机车牵引工况时,作为电动机运行,但在机车电阻制动时又作为发电机运行。

**【答案】** 发电机。

**3.【题目】**

直流发电机转子的功用是产生(　　)、电磁转矩,从而使能量转换。

**【解析】** 考查的是直流发电机转子的功用。

直流发电机转子的功用是产生感应电动势、电磁转矩,从而使能量转换。

**【答案】**感应电动势。

## 4.【题目】

(1)牵引电动机的励磁电流和(　　)之比,称为磁场削弱系数。

(2)牵引电动机的励磁电流与电枢电流之比称为磁场削弱系数。(　　)

(3)磁场削弱系数 $\beta=30\%$,表示有(　　)的电枢电流流过励磁绕组。

A. 100%　　B. 70%　　C. 30%

(4)磁场削弱系数 $\beta$ 表示磁场削弱的程度,它等于(　　)与电枢电流的比值。

A. 励磁电流　　B. 脉动电流　　C. 集电极电流

**【解析】**考查的是磁场削弱系数的概念。

牵引电动机磁场削弱的程度可用磁场削弱系数来 $\beta$ 表示。即牵引电动机的励磁电流和电枢电流之比,称为磁场削弱系数。在全磁场时,$\beta=100\%$,电枢电流全部流经励磁绕组。$\beta=30\%$,表示有30%的电枢电流流过励磁绕组,其他70%流过了磁场削弱电阻。

**【答案】**(1)电枢电流;(2)对;(3)C;(4)A。

## 5.【题目】

直流电机的磁极分为主磁极和(　　)两种,它的功用是产生磁场。

**【解析】**考查的是直流电机的磁极。

直流电机的磁极分为主磁极和换向极两种,它的功用是产生磁场。其中主磁极的作用是产生气隙磁场,换向极的作用是用来改善直流电机的换向。

**【答案】**换向极。

## 6.【题目】

(1)直流发电机励磁绕组与电枢绕组不相连,励磁电流由另一个独立电源供电,这样的发电机为(　　)。

A. 并励发电机　　B. 他励发电机　　C. 串励发电机

(2)直流串励发电机的励磁绕组与电枢绕组串联,用(　　)电流励磁。

**【解析】** 考查的是发电机按励磁方式不同的分类。

直流发电机有永磁式发电机及电磁式发电机两种。电磁式发电机按励磁方式不同,又可分为他励、并励、串励及复励发电机。

他励发电机:励磁绕组与电枢绕组不相连,励磁电流由另一个独立电源供给。

并励发电机:励磁绕组与电枢绕组并联,用负载分路电流励磁。

串励发电机:励磁绕组与电枢绕组串联,用本身负载电流励磁。

复励发电机:同时用并励及串励绕组的发电机或同时有他励及串励绕组的发电机,复励发电机又可分为加复励发电机及差复励发电机。

**【答案】** (1)B;(2)本身负载。

## 7.【题目】

当串励电动机转速升高时,(　　)很快下降。

A. 转矩　　B. 端电压　　C. 感应电动势

**【解析】** 考查的是直流串励电动机的转速特性和转矩特性。

串励电动机的转速特性中转速 $n$ 与电枢电流 $I_a$ 成反比;转矩特性中转矩 $T$ 与电枢电流 $I_a$ 的平方成正比,所以当串励电动机转速升高时,转矩很快下降。

**【答案】** A。

## 8.【题目】

直流串励电动机不能在小于其额定负荷的(　　)下运行。

**【解析】** 考查的是直流串励电动机运行时对额定负荷的要求。

直流串励电动机不能在小于其额定负荷的30%下运行。

**【答案】** 30%。

## 9.【题目】

(1)如果某台电机励磁绕组发生故障,而各电机的励磁绕组在电阻制动时,串接在一起,因而无法使用电阻制动。(　　)

(2)牵引电机故障后,使用电阻制动有何危害?

**【解析】** 考查的是牵引电机故障后使用电阻制动的危害。

如果某台电机励磁绕组发生故障，而各电机的励磁绕组在电阻制动时串接在一起，因而无法使用电阻制动；如果电机电枢绕组发生故障，虽可单独切除电枢绕组，但由于励磁绕组在使用电阻制动时仍被励磁，在电枢上会产生发电机电势，使故障扩大。

**【答案】**(1)对；(2)答案见解析。

**10.【题目】**

为什么电传动机车选用串励牵引电动机？

**【解析】**考查的是串励牵引电动机特性和机车理想牵引特性之间的关系。

因为串励电动机的工作特性符合机车理想牵引特性的要求。直流串励电动机力矩 $M$ 和转速 $n$ 之间的互相变化关系是一条软特性，近似于双曲线，其 $M \cdot n$ 近似等于常数。具体来说就是机车上坡时，输出力矩 $M$ 需要增大，这时转速就降低；而当平道和下坡时，需要输出的力矩 $M$ 减少，这时转速 $n$ 就自动回升。当列车启动时，由于机车速度低，电机的电动势 $E$ 很小，电枢电流很大，其转矩 $M$ 也大，使机车有很大的启动力矩。

**【答案】**答案见解析。

**11.【题目】**

(1)机车牵引电动机的全悬挂分为架悬式和(　　)。

(2)全悬挂分为架悬式和(　　)。

A. 轴悬式　　B. 体悬式　　C. 轮悬式

**【解析】**考查的是机车牵引电动机的全悬挂方式。

机车牵引电动机的全悬挂分为架悬式和体悬式。

**【答案】**(1)体悬式；(2)B。

**12.【题目】**

一般电机轴承的加油量应占轴承空间的(　　)为宜。

A. 1/3　　B. 1/2　　C. 2/3

**【解析】**考查的是电机轴承的加油量。

一般电机轴承的加油量应占整个轴承空间的2/3为宜。对电机轴承加油太少,会使电机轴承润滑不良,造成发热烧损;加油太多,当轴承温度升高时,则造成散热不良,使轴承发热甚至烧损。同时,加油太多还容易使油窜进电机内部,降低电机绝缘,还会使换向器表面产生火花,烧坏电机。

**【答案】** C。

## 13.【题目】

环火是指牵引电动机正负电刷之间被强烈的大电弧所短路。(　　)

**【解析】** 考查的是环火的概念。

环火是指牵引电动机正负电刷之间被强烈的大电弧所短路。

**【答案】** 对。

## 14.【题目】

平波电抗器的作用主要是为了减少整流电流的脉动。(　　)

**【解析】** 考查的是平波电抗器的作用。

对于交-直流传动的电力机车,由于整流器输出电压是一个脉动电压。在整流电路中必然产生脉动电流,这种脉动电流会影响牵引电机的换向。为了改善牵引电机的换向性能,就要减少整流电流的脉动,故在牵引电机回路中串联另外的电抗装置,这就是平波电抗器。

**【答案】** 对。

## 15.【题目】

检查电机内部时,蓄电池闸刀须(　　)。

A. 闭合　　B. 挂禁动牌　　C. 断开并挂禁动牌

**【解析】** 考查的是检查机车电气部分作业时的注意事项。

检查机车电气部分时,禁止手触各电器触头,不得带电检查处理故障或直接接触高压带电部件。在不得已情况下需要人为闭合或断开电器时,必须使用绝缘物。检查电机内部时,蓄电池闸刀须断开并挂禁动牌。

**【答案】** C。

# 第二节　电　　器

**16.【题目】**

接触器各触头、触指、接点的接触压力、（　　）、超程不良时要及时调整。

**【解析】** 考查的是接触器的主要参数及接触器触头的调整与维护。

接触器的主要参数包括开距、超程、接触压力等，当接触器各触头、触指、接点的接触压力、开距、超程不良时要及时调整。

**【答案】** 开距。

**17.【题目】**

电器触头气隙空气中的强烈放电现象称为（　　）。

**【解析】** 考查的是电弧的概念。

电器触头气隙空气中的强烈放电现象称为电弧。

**【答案】** 电弧。

**18.【题目】**

机械寿命是指电器在额定负载时不需要修理或更换零件而能承受的负载操作极限次数。（　　）

**【解析】** 考查的是电器的机械寿命和电寿命的基本概念。

电器的寿命指标包括机械寿命和电寿命，其中机械寿命是指电器在不需要修理或更换机械零件所能承受的无载操作极限次数，主要用来考核电器的机械耐磨损性能。电寿命是指电器在额定负载时不需要修理或更换零件而能承受的负载操作极限次数，主要用来考核电器的绝缘性能和抗耐电弧磨损的性能。

**【答案】** 错。

**19.【题目】**

电子时间继电器属于有触点电器。（　　）

**【解析】** 考查的是机车电器按执行机构的不同进行分类。

机车电器按其执行机构的不同可分为:(1)有触点电器:如各种继电器、接触器等。(2)无触点电器:如电子时间继电器、主回路和辅助回路接地继电器等。

**【答案】** 错。

## 20.【题目】

开关电器是用来(　　)的开闭有电流电路的。

A. 自动或非自动　　B. 自动　　C. 手动

**【解析】** 考查的是开关电器的定义。

开关电器是用来自动或非自动的开闭有电流电路,如闸刀开关、自动开关、转换开关、按钮开关、隔离开关和主断路器等。此类开关操作次数少,断流能力强。

**【答案】** A。

# 第三章　机车运用与统计知识

**1.【题目】**

重联机车是根据调度命令附挂于列车的机车。(　　)

**【解析】** 考查的是重联机车的概念。

重联机车是为图定或根据调度命令附挂于列车担当辅助牵引的机车。通过补机区段时,仍按重联机车统计。

**【答案】** 错。

**2.【题目】**

(1)机车从事列车牵引作业的方式称为机车运转制,机车按运转制来分,有(　　)运转制和循环运转制两种。

(2)机车运转方式有:肩回式、循环式、半循环式和(　　)4种。

(3)机车运转方式有:肩回式、循环式、(　　)和环形式4种。

**【解析】** 考查的是机车运转方式。

机车运转制也叫机车运转方式或机车周转方式,也是机车从事列车牵引作业的方式,就是机车在交路上担当任务,往返行驶于机务段与折返(机务)段之间的运行方式。

机车运转方式详细分类有4种:肩回式、循环式、半循环式和环形式。

机车按运转制简单分类有肩回运转制和循环运转制两种。

**【答案】** (1)肩回;(2)环形式;(3)半循环式。

**3.【题目】**

机车走行公里是指(　　)实际走行公里或换算走行的公里数。

A. 支配机车　　　　B. 运用机车　　　　C. 本务机车

**【解析】** 考查的是机车走行公里的概念。

机车走行公里(km)是指运用机车实际走行或换算走行的公里。机车走行公里从机车走行距离上反映了机车的工作量,是确定机车检修修程,计算油脂、燃料消耗、日车公里、技术速度、旅行速度、总重吨公里的依据。

**【答案】** B。

**4.【题目】**

机车技术速度是指机车牵引列车在区段内(不计入中间站停留时间)平均每小时走行的公里。(　　)

**【解析】** 考查的是机车技术速度的概念。

机车技术速度是指机车牵引列车在区段内(不计入中间站停留时间)平均每小时走行的公里,简称技速。

**【答案】** 对。

**5.【题目】**

铁路机车回送方式有:单机、专列、(　　)和托运4种。

**【解析】** 考查的是机车回送方式。

铁路机车回送方式有:单机、专列、附挂和托运4种。

铁路局所属电力机车在回送全程均为电气化区段时,应采用有动力附挂直通(直达)货物列车回送。回送全程不全是电气化区段时,应采用无动力托运方式回送。无动力托运方式回送时,需向车站办理免费托运手续。

**【答案】** 附挂。

**6.【题目】**

机车交路按区段距离分为一般机车交路和长交路。(　　)

**【解析】** 考查的是机车交路相关知识。

机车牵引列车只在一个固定的牵引区段内往复运行,这个牵引区段就是机车交路。机车交路按区段距离分为一般机车交路和长交路。

**【答案】** 对。

**7.【题目】**

超重吨公里等于(　　)乘以其所运行的公里数。

A. 列车载重数　　B. 列车总重数　　C. 超重吨数

**【解析】** 考查的是超重列车的超重吨数的计算方法。

超重列车的超重吨数按下列方法计算:

(1)在规定的双机牵引区段,按规定定数计算。

(2)挂有重联机车的列车,按该区段双倍定数计算。

(3)临时修定的牵引定数低于原定数或牵引定数不变而临时增加补机区段时,按原定数计算。

(4)临时使用运行图规定以外的机型牵引列车时,按机车牵引重量比值计算。

(5)超重列车在途中甩挂,按列车连续运行超过机车乘务员规定区段 1/2 的超重最多吨数计算。

(6)超重列车在区间发生分部运行时,不统计超重。

(7)超重吨公里等于超重吨数乘以其所运行的公里数。

**【答案】** C。

**8.【题目】**

牵引总重吨公里是指机车牵引列车所完成的行走公里。(　　)

**【解析】** 考查的是牵引总重吨公里的概念。

牵引总重吨公里是指机车牵引列车所完成的工作量(包括单机附挂车辆完成的工作量),其中的总重吨数包含货物的总重和牵引车辆的自重。

牵引总重吨公里反映铁路运输部门承运货物后的工作量,是确定机车油脂、燃料、电力消耗的重要依据,是计算日产量、平均牵引总重的原始资料。

**【答案】** 错。

# 第四章　机车保养与整备作业

## 第一节　安全知识

**1.【题目】**

检查电机内部时,蓄电池闸刀须(　　)。

A. 闭合　　B. 挂禁动牌　　C. 断开并挂禁动牌

**【解析】** 考查的是检查机车电气部分作业时的注意事项。

检查机车电气部分时,禁止手触各电器触头,不得带电检查处理故障或直接接触高压带电部件。在不得已情况下需要人为闭合或断开电器时,必须使用绝缘物。检查电机内部时,蓄电池闸刀须断开并挂禁动牌。

**【答案】** C。

**2.【题目】**

更换闸瓦作业完毕后,应开放相应的制动缸塞门,然后撤除防溜措施。(　　)

**【解析】** 考查的是更换机车闸瓦时的注意事项。

更换机车闸瓦时,应注意:(1)机班人员应加强联系,注意人身安全,并对机车采取防溜措施。(2)关闭相应制动缸(转向架)的塞门,然后将单阀置于制动位(使另一转向架的制动缸充气制动)。(3)作业中严禁移动自动制动阀或单独制动阀手柄并挂好禁动牌。

更换闸瓦作业完毕后,应开放相应的制动缸塞门,进行制动试验,调整闸瓦间隙,然后撤除防溜措施。

**【答案】** 错。

**3.【题目】**

列车运行中进入机械间巡视检查前必须呼唤,经司机同意后方可进入。检

查时，禁止接触各运动部件及高温或带电的部件，确保人身安全。（　　）

**【解析】**考查的是进入机械间巡视检查时的注意事项。

列车运行中进入机械间巡视检查前必须呼唤，经司机同意后方可进入。检查时，禁止接触各运动部件及高温或带电的部件，确保人身安全。

**【答案】**对。

**4.【题目】**

机车上的安全保护装置动作后注意什么？

**【解析】**考查机车上安全保护装置动作后的注意事项。

机车各安全保护装置和监督计量器具不得盲目拆（切）除及任意调整其动作参数。

内燃、电力机车各保护电器（油压、水温、接地、过流、柴油机超速、超压等保护装置）动作后，在未判明原因前，严禁盲目强迫启动柴油机及切除保护装置。当机车保护装置切除后，应密切注意机车各仪表的显示，加强机械间的巡视，防止因处理不当而扩大或加重机车的故障损失。

**【答案】**答案见解析。

**5.【题目】**

(1)在电气化区段，接触网的各导线及其相连部件，通常均带有（　　），因此禁止直接或间接通过任何物件与上述设备接触。

(2)在电气化区段工作时应注意什么？

**【解析】**考查的是电气化区段作业安全的注意事项。

在电气化区段，接触网的各导线及其相连部件，通常均带有高压电，因此禁止直接或间接通过任何物件（如棒条、导线、水流等）与上述设备接触。当接触网的绝缘不良时，在其支柱、支撑结构及其金属结构上，在回流线与钢轨的连接点上，都可能出现高电压，因此应避免与上述部件相接触。当接触网绝缘损坏时，禁止接触。

**【答案】**(1)高压电；(2)答案见解析。

**6.【题目】**

安全电压一般是指（　　）V 及其以下。

**【解析】** 考查的是安全电压概念。

从安全观点来看,所谓低压并不是安全电压。安全电压是指对人体不会引起生命危险的电压。一般是指 36 V 及其以下。如将低电压误认为就是安全电压,工作中不采取安全措施是十分危险的。

**【答案】** 36。

**7.【题目】**

为保证人身安全,除专业人员外,任何人员所携带的物件(包括长杆、导线等)与接触网设备的带电部分需保持(　　)以上的距离。

A. 1 m　　B. 2 m　　C. 3 m

**【解析】** 考查的是工作人员与接触网带电部分距离的规定。

为保证人身安全,除专业人员按规定作业外,任何人员所携带的物件(包括长杆、导线等)与接触网设备的带电部分需保持 2 m 以上的距离。

**【答案】** B。

**8.【题目】**

机车在运行中,电机发生哪些情况时应断电检查?

**【解析】** 考查的是机车在运行中电机断电检查情况。

机车在运行中遇有下列情况之一时,应断电对电机进行检查:(1)电动机冒烟,起火。(2)通电后,电机未启动,闻到异味或有"嗡嗡"声出现。(3)电机联轴器损坏或负载装置发生故障。(4)电机轴承异音或损坏。(5)电机温升过高。(6)电机的机身振动剧烈。(7)转速不稳定,忽高忽低。凡电机发生上述现象时,一定要查明原因并及时处理。

**【答案】** 答案见解析。

## 第二节　整备作业

**9.【题目】**

机车进入接车线后应注意,确认脱轨器、防护信号撤除后,显示连接信号,以不超过(　　)的速度平稳连接。

A. 5 km/h　　B. 10 km/h　　C. 15 km/h

**【解析】** 考查的是机车进入接车线后的注意事项。

(1)机车进入接车线后,应严格控制速度,确认脱轨器、防护信号及停留车位置。

(2)距脱轨器、防护信号、车列前 10 m 左右必须停车。

(3)确认脱轨器、防护信号撤除后,显示连挂信号,以不超过 5 km/h 的速度平稳连挂。

(4)连挂时,根据需要适量撒砂。

**【答案】** A。

**10.【题目】**

使用试灯时要注意试灯有正灯、负灯之分。(　　)

**【解析】** 考查的是试灯的使用方法及注意事项。

在机车上,为便于查找电路的断路、接地等故障,多在控制电路内安装试灯(亦称接地灯)。两个试灯分别接到蓄电池两端,接正端的称正灯,接负端的称负灯。两个试灯应选择瓦数相同,电压相符的灯泡。当两个试灯都插入接地插座时,在正常情况下两灯亮度应一致。机车运用中,试灯不要插入接地插座,以免因发生接地故障而造成有关电器的误动作。

在控制电路中未安装试灯的机车上,可用临时手持试灯查找故障。临时手持试灯是用两根导线(两头带线夹)、一个灯口和一个与控制电路电压相符的灯泡组合而成。

在使用试灯之前应进行正、负灯的区分,试灯线与接线柱正极接触时灯亮的则为负灯,与接线柱负极接触时灯亮的即为正灯。

**【答案】** 对。

**11.【题目】**

检查机车时应做到哪些?

**【解析】** 考查机车整备检查事项。

检查机车时应做到:顺序检查,不错不漏;姿势正确,步法不乱;锤分轻重,目标准确;目视耳听,仔细周到;鼻嗅手触,灵活熟练;仪表量具,运用自如;判断故障;迅速果断。

**【答案】** 答案见解析。

**12.【题目】**

温度降低时,润滑油的黏度(　　)。

A. 变小　　B. 加大　　C. 不变

**【解析】** 考查的是润滑油的黏度与温度的关系。

当润滑油流动时,液体分子间的内摩擦阻力使液体流动性能下降,产生一种黏滞性,这种性能称为润滑油的黏度。

油脂黏度的变化取决于油脂的温度。温度升高时,其黏度就会下降,黏着性能也会下降。温度降低时,其黏度就会加大,流动性能降低。油温过低时甚至会失去流动性能,同样影响润滑作用。

**【答案】** B。

## 第三节　机车保养

**13.【题目】**

一般电机轴承的加油量应占轴承空间的(　　)为宜。

A. 1/3　　B. 1/2　　C. 2/3

**【解析】** 考查的是对电机轴承加油不能过多也不能过少的原因分析。

一般电机轴承的加油量应占整个轴承空间的 2/3 为宜。

对电机轴承加油太少,会使电机轴承润滑不良,造成发热烧损;加油太多,则当轴承温度升高时,造成散热不良,使轴承发热甚至烧损。同时,加油太多还容易使油窜进电机内部,降低电机绝缘。还会使换向器表面产生火花,烧坏电机。

**【答案】** C。

**14.【题目】**

牵引缓冲装置的用途是将机车与车辆连接或分离,在运行中传递牵引力,

缓和及衰减牵引力与制动力的变化，具有连接、牵引和缓冲的作用。（　　）

**【解析】** 考查的是牵引缓冲装置的用途。

牵引缓冲装置的用途是将机车与车辆连接或分离，在运行中传递牵引力，缓和及衰减牵引力与制动力的变化，具有连接、牵引和缓冲的作用。

**【答案】** 对。

**15.【题目】**

(1)机车牵引电动机的全悬挂分为架悬式和(　　)。

(2)机车牵引电动机的全悬挂分为架悬式和(　　)。

A. 轴悬式　　B. 体悬式　　C. 轮悬式

**【解析】** 考查的是机车牵引电动机的全悬挂方式。

机车牵引电动机的全悬挂分为架悬式和体悬式。

**【答案】** (1)体悬式;(2)B。

# 第五章　牵引计算与列车操纵

## 1.【题目】

（1）列车操纵示意图应根据担当区段的使用机型、（　　）以及线路纵断面情况，按安全、合理的操纵方法绘制。

A. 车辆类型　　B. 牵引重量　　C. 牵引定数

（2）列车操纵示意图是以《铁路机车操作规则》和列车运行图为依据。（　　）

**【解析】** 考查的是列车操纵示意图的概念。

列车操纵示意图是指以《列车牵引计算》和列车运行图为依据，根据担当区段的使用机型、牵引定数以及线路纵断面情况，按事先经过优化制定的安全、合理的列车操纵方法绘制成的坐标曲线示意图。

**【答案】**（1）C；（2）错。

## 2.【题目】

作用在机车、车辆轮对上的闸瓦总压力与机车、车辆总重量之比称为（　　）。

**【解析】** 考查的是制动率的概念。

作用在机车、车辆轮对上的闸瓦总压力与机车、车辆总重量之比称为制动率。

$$列车制动率=\frac{闸瓦总压力}{机车车辆总重量\times 9.81}$$

$$机车制动率=\frac{机车闸瓦总压力}{机车重量\times 9.81}$$

**【答案】** 制动率。

## 3.【题目】

以下不是机车、车辆的基本阻力的为（　　）。

A. 坡道阻力

B. 轴承的摩擦

C. 车轮与钢轨间的滚动摩擦

**【解析】** 考查的是机车、车辆的基本阻力与哪些因素有关。

机车、车辆的基本阻力与以下因素有关:

(1)轴承的摩擦。

(2)车轮与钢轨间的滚动摩擦。

(3)车轮与钢轨间的滑动摩擦。

(4)车轮与钢轨间的冲击、振动造成的动能损失。

(5)运行中的空气阻力。包括正面阻力、表皮摩擦和涡流损失。空气阻力与列车最大截面积、空气密度、列车表面形状有关,与相对速度的平方成正比。

上述因素随着列车速度的高低,各因素所占的比例有所变化。列车启动时,几乎没有空气阻力,以轴颈与轴承的摩擦为主。所以,滚动轴承的车辆启动要容易得多。但是,列车启动时轮、轨间的滚动摩擦要比运行中大得多;列车低速运行时轴颈与轴承间的摩擦也占有较大的比例。速度提高后,轮轨间的滑动摩擦、冲击振动和空气阻力逐渐加大;列车高速运行时,基本阻力则主要为空气阻力,因此,高速列车的外形流线化显得特别重要。

**【答案】** A。

**4.【题目】**

列车的附加阻力包括坡道阻力、(　　)和隧道阻力。

**【解析】** 考查的是附加阻力的概念及附加阻力包括的内容。

附加阻力是机车、车辆运行在某些特定条件下才能遇到的阻力。如列车进入坡道、曲线时,列车启动或遇到大风天气运行时所增加的阻力。列车的附加阻力包括坡道阻力、曲线阻力和隧道阻力。

**【答案】** 曲线阻力。

**5.【题目】**

压缩车钩时要注意被压缩的车辆数不应超过列车总辆数的(　　)。

A. 1/2　　B. 1/3　　C. 2/3

**【解析】** 考查的是压缩车钩时的注意事项。

压缩车钩时需要注意以下几个方面:(1)被压缩的车辆数不应超过列车总

辆数的2/3;(2)压缩车钩时的退行距离要根据实际情况适当掌握,禁止因压缩车钩不当造成列车尾部越过警冲标;(3)压缩车钩后,在机车加载前,不应缓解机车制动。

**【答案】** C。

### 6.【题目】

(1)为防止空转,通过道岔群时提手柄不要过急过快,遇有空转时立即(　　)。

(2)为防止空转,通过道岔群时提手柄不要过急过快,遇有空转时立即(　　)。

A. 撒砂　　B. 提高牵引力　　C. 降低牵引力

(3)挂车前适当撒砂,列车启动前适当压缩车钩可以防止空转。(　　)

(4)空转的危害有哪些?

**【解析】** 考查的是空转的危害及处理办法。

空转的危害有:

(1)空转发生时,机车牵引力急剧下降,使列车速度降低,容易造成坡停和运缓。

(2)空转发生时,轮轨剧烈摩擦,造成车轮踏面和钢轨的非正常磨耗,甚至造成轮箍松弛。

(3)内燃、电力机车的牵引电动机高速旋转,会造成电机损伤,甚至造成电机“扫膛”。

防止空转和发生空转时处理办法:

(1)正在空转时,应立即降低牵引力,禁止撒砂。

(2)挂车前适当撒砂,列车启动前适当压缩车钩。

(3)通过道岔群时提手柄不要过急过快,遇有空转预兆时立即降低牵引力。

(4)掌握空转发生的规律,进入长大上坡道前,应尽可能提高列车运行速度,充分利用动能闯坡。防止因发生空转而造成坡停。

**【答案】** (1)降低牵引力。(2)C。(3)对。(4)答案见解析。

**7.【题目】**

使用机车动力制动，在需要缓解时，应先解除动力制动，再缓解空气制动。(　　)

**【解析】** 考查的是使用机车动力制动应遵守的规定。

动力制动与空气制动配合使用时，应将机车制动缸压力及时缓解为零(设有自动控制装置的机车除外)。

使用机车动力制动需要缓解时，应先缓解空气制动，再解除动力制动。双机(或多机)牵引使用动力制动时，前部机车使用后，再通知后部机车依次使用；解除动力制动时，根据前部机车的通知，后部机车先解除，前部机车后解除动力制动。

**【答案】** 错。

**8.【题目】**

(1)货物列车在开车后、进站前，应使用列尾装置对(　　)的压力变化情况进行检查。

A. 制动缸　　B. 均衡风缸管　　C. 列车制动管

(2)货物列车在开车后，进站前，应使用列尾装置对(　　)的压力变化情况进行检查。

A. 机车制动缸　　B. 机车制动管　　C. 列车制动管

**【解析】** 考查的是货物列车在开车后、进站前应如何操作。

货物列车在开车后、进站前，应使用列尾装置对列车制动管的压力变化情况进行检查。运行中，当列尾装置主机发出电池欠压报警时，司机应及时通知就近车站值班员或列车调度员，并按其指示妥善处理。

**【答案】** (1)C；(2)C。

**9.【题目】**

列车在起伏坡道运行时，应采用高手柄位的牵引工况，尽量避免惰力运行，使列车在起伏坡道上运行平稳。(　　)

**【解析】** 考查的是列车在起伏坡道上运行时，司机应如何操纵。

(1)列车运行中应根据线路纵断面及限速要求，尽可能不中断机车牵引力。

在起伏坡道区段或较小的下坡道运行时,应采用低手柄位或低转速的牵引,尽量避免惰力运行。

(2)在起伏坡道上,应充分利用线路纵断面的有利地形,提早加速,以较高的速度通过坡顶。

**【答案】** 错。

### 10.【题目】

列车在长大下坡道运行时,应遵循动力制动为主,空气制动为辅的原则。(　　)

**【解析】** 考查的是列车在长大下坡道运行时,司机应如何操纵。

列车在长大下坡道运行中,应采用空气、动力制动配合使用的操纵方法,做到:

(1)列车进入下坡道时,投用动力制动,待列车继续增速的同时,再逐步增加制动电流。

(2)当动力制动不能满足控制列车运行速度的要求时,采用空气制动调整列车运行速度。无动力制动或动力制动故障时的空气制动的操纵办法,由铁路局制定。

(3)缓解列车制动时,应在缓解空气制动后,再逐步解除动力制动。

**【答案】** 对。

### 11.【题目】

列车在长大上坡道运行时,应采用“先爬后闯,闯爬结合”的操纵方法。(　　)

**【解析】** 考查的是列车在长大上坡道运行时,司机应如何操纵。

在长大上坡道上,应采用“先闯后爬,闯爬结合”的操纵方法。进入坡道前应提早增大机车牵引力,储备动能,进入坡道后应进行预防性撒砂,防止空转,并注意牵引电流不得超过持续电流。

**【答案】** 错。

### 12.【题目】

在通风不良,比较潮湿的隧道内爬坡牵引运行时,要适量撒砂,防止机车(　　)。

A. 空转　　　　B. 滑行　　　　C. 擦伤

**【解析】** 考查的是列车在隧道区段运行时，司机应如何操纵。

列车在隧道区段运行时，运行条件差，瞭望困难，内燃机车柴油机燃烧状态不良，功率不能正常发挥，油耗增加。为此，司机应做到：

(1)接近隧道前，提早增大机车牵引力，在允许范围内尽量提高列车速度。

(2)根据线路纵断面及速度变化情况，适当确定主手柄或气门、手柄的位置。

(3)在通风不良，比较潮湿的隧道内爬坡牵引运行时，要适量撒砂，防止机车空转。

**【答案】** A。

## 13.【题目】

列车施行制动后不再进行缓解，根据列车减速情况进行追加减压，即可使列车停于预定地点，叫作(　　)。

A. 一段制动法　　　　B. 二段制动法　　　　C. 牵引辅助法

**【解析】** 考查的是一段制动法和二段制动法的概念。

列车施行制动后不再进行缓解，根据列车减速情况进行追加减压，即可使列车停于预定地点，叫作一段制动法。

列车进站前施行调速制动，待列车到预定地点且速度降至所需要速度时进行缓解；进站充满风后再次施行停车制动，使列车停于站内预定地点，这种操纵方法叫作二段制动法。

**【答案】** A。

## 14.【题目】

为防止列车断钩，运行途中制动调速，严禁未排完风施行缓解，列车未完全缓解就加速。(　　)

**【解析】** 考查的是列车运行中如何防止列车断钩。

在操纵中为防止列车断钩应做到：运行途中制动调速，严禁未排完风施行缓解，列车未完全缓解就加速。使用自动制动阀紧急制动或列车发生紧急制动时,应迅速将自动制动阀手柄推向"制动"位(或"保压"位),并解除机车牵引力。列车未停稳前不得充风缓解。货物列车惰力运行后,再加速不得过快,避免车钩拉伸过猛。

**【答案】** 对。

## 15.【题目】

列车滑行不易造成车轮踏面擦伤。(　　)

**【解析】** 考查的是列车滑行时的危害。

(1)极易造成车轮踏面擦伤。

(2)车轮擦伤后继续运行时,将对踏面产生锤击作用,速度越快,锤击作用越大,不但增加了机车、车辆的振动,缩短机车部件使用寿命,而且会损伤钢轨和线路。

(3)轮轨间黏着状态被破坏,使列车制动力下降,延长了制动距离。

**【答案】** 错。

# 第六章　列车制动

## 一、概论

**1.【题目】**

车辆制动装置由车辆制动机和(　　)两部分组成。

**【解析】** 考查的是列车制动装置的组成。

为了实现列车的制动,达到减速或停车的目的,在机车与车辆上都装有一套制动装置。车辆制动装置由车辆制动机和车辆基础制动装置两部分组成。

在车辆制动装置中,由机车司机操纵控制,并产生制动原力的部分称为制动机;传递制动原力,并将其扩大以后均匀分配各个闸瓦的装置称为基础制动装置。

**【答案】** 车辆基础制动装置。

**2.【题目】**

(1)由司机控制、通过制动装置产生的,与列车运行方向相反并可根据需要调节的外力称为(　　)。

(2)作用在制动缸活塞上的压缩空气推动活塞,由活塞杆传出的力称为(　　)。

A. 闸瓦压力　　B. 制动力　　C. 制动原力

**【解析】** 考查的是制动原力、闸瓦压力与制动力的概念。

作用在制动缸活塞上的压缩空气推动活塞,由活塞杆传出的力称为制动原力,制动原力=制动缸压力×活塞面积×制动缸数。理解这一概念的关键点为作用在制动缸活塞上、压缩空气推动活塞、由活塞杆传出的力;闸瓦作用于车轮踏面上或闸片作用于制动盘上的压力称为制动压力,亦称闸瓦压力(闸瓦压力源于制动缸活塞上的制动原力)。理解这一概念的关键点为闸瓦作用于车轮踏面上的压力或闸片作用于制动盘上的压力;制动力是由司机控制、通过制动装置产生的,与列车运行方向相反并可根据需要调节的外力,这一外力是由钢轨施加于车轮上。理解这一概念的关键点为人为产生、与运行方向相反、由钢轨施加于车轮上的外力。

**【答案】**(1)制动力;(2)C。

**3.【题目】**

在列车制动进行动能转换过程中,每单位时间内转移的列车动能,称为(  )。

**【解析】**考查的是制动功率的概念。

在列车制动进行动能转换的过程中,每单位时间内转移的列车动能,称为制动功率。列车动能的大小与列车的质量和速度有关,而《铁路技术管理规程》对列车的制动距离均有明确的规定,列车的质量也由担当区段的牵引定数所确定。那么制动功率就取决于列车制动时平均减速度的值。而制动减速度又依赖于制动距离的长短、轮轨黏着系数的大小,影响着列车运行舒适性等因素。

所以,列车的制动功率,特别是紧急制动时的制动功率,是开行高速旅客列车、重载货物列车需要解决的重要问题之一。

**【答案】**制动功率。

**4.【题目】**

摩擦制动方法包括(  )和盘形制动两种。

**【解析】**考查的是制动实现形式。

以压缩空气为动力,通过控制传动装置使闸瓦压紧车轮踏面,从而产生摩擦形成制动作用的方式,称为闸瓦制动,也称踏面制动。闸瓦制动将列车动能的大部分变为热能,并转移到车轮与闸瓦,再逸散于大气。以压缩空气为动力,通过控制传动装置使带有闸片的制动钳夹紧车轴(或车轮)上的制动盘,从而产生摩擦形成制动的方式,称为盘形制动。

**【答案】**闸瓦制动。

**5.【题目】**

电磁制动属于黏着制动,可应用在高速列车上。(  )

**【解析】** 考查的是电磁制动实现形式。

电磁制动包括磁轨制动和涡流制动。

(1)磁轨制动(轨道电磁制动):制动时,将悬挂在车辆转向架上的电磁铁放下,与钢轨接触,接通励磁电流使制动电磁铁吸附在钢轨上,电磁铁的极靴(磨耗板)与轨面摩擦而产生制动力。靠电磁铁极靴与钢轨做相对运动时的摩擦,将车辆动能转变为热能,由钢轨与电磁铁逸散于大气。

(2)涡流制动:利用转向架上的电磁铁和电磁感应体的相对运动,引起电涡流产生电磁力而形成制动力。直接利用钢轨为电磁感应体的称为轨道涡流制动;利用安装在车轴上的圆盘为感应体的,称为旋转涡流制动。感应体切割磁力线产生涡流,使钢轨或涡流盘发热,将列车的动能转换成热能逸散于大气。

电磁制动属于非黏着制动,不受轮轨间黏着力的限制,不易造成车轮滑行,一般用于高速旅客列车上,可与空气制动机并用。

**【答案】** 错。

**6.【题目】**

制动管定压为 500 kPa 时,最大有效减压量为(　　)kPa。

**【解析】** 考查的是制动管最大有效减压量。

在列车施行常用制动时,从机车方面,对于 JZ-7 型制动机来讲,制动管的最大有效减压量主要受分配阀常用限压阀的限制;对于 EL-14 型空气制动机来讲,制动管减压量达到一定值时,压力室的压力与作用筒、作用室的压力达到均衡,若制动管再继续减压,制动缸的压力也不会再上升,这个使双方压力均衡时的制动管减压量,称为最大有效减压量。

从车辆方面,在施行常用制动时随着制动管减压量的增大,工作风缸的压力因其压力空气进入了容积室(120 型车辆制动机为副风缸的压力空气进入制动缸)而逐渐降低,容积室(或制动缸)的压力逐渐升高,当两者压力达到均衡时,若制动管再继续减压,制动缸压力不会再上升。这个使工作风缸与容积室(或副风缸与制动缸)两者压力均衡时的制动管减压量称为最大有效减压量。超过最大有效减压量的减压,只会浪费压缩空气,并延长了列车缓解时的充气时间。

《铁路机车操作规则》规定：制动管定压为 500 kPa 时，最大有效减压量为 140 kPa；制动管定压为 600 kPa 时，最大有效减压量为 170 kPa。

**【答案】** 140。

**7.【题目】**

(1)在列车制动计算中，列车制动距离 $S_z$ 等于空走距离 $S_k$ 与(　　)之和。

(2)在列车制动计算中，列车制动距离等于(　　)与有效制动距离之和。

(3)制动空走距离与制动空走时间和(　　)有关。

A. 列车制动初速　　B. 制动距离　　C. 列车换算制动率

(4)制动空走距离与制动空走时间有关，与列车制动初速无关。(　　)

**【解析】** 考查的是列车制动距离及制动空走距离的概念。

列车制动距离是指自动制动阀施行制动时起，至列车停车(或缓解制动)时止，列车所走行的距离。有效制动距离是有效制动时间内(到停车或缓解为止)列车所走行的距离。在列车制动计算中，列车制动距离 $S_z$ 等于空走距离 $S_k$ 与有效制动距离 $S_e$ 之和，$S_z=S_k+S_e$。

在列车制动初期，列车中各车辆的制动缸压力(或闸瓦压力)要经过一段时间自列车前部向列车后部顺序产生并逐渐达到最大值。那么制动空走时间就与机车牵引的车辆数、制动管减压量以及制动初期列车所处于的线路纵断面(较大下坡道)等情况有关。制动空走距离则与制动空走时间和列车制动初速有关。

**【答案】** (1)有效制动距离 $S_e$；(2)制动空走距离；(3)A；(4)错。

## 二、空气制动机

**8.【题目】**

在坡道上停留时间较长时，为防止空气制动机因制动缸漏泄发生自然缓解，还应拧紧手制动机。(　　)

**【解析】** 考查的是手制动机的使用。

手制动机用于空气制动机故障时以及调车作业、坡道停留时的制动。其具体用途是：

(1)调车作业时，用以调速或停车，提高调车效率，保证调车作业安全。

(2)在运行途中，如在坡道上停留时间较长时，使用空气制动机停车后，还应拧紧手制动机，防止空气制动机因制动缸的漏泄发生自然缓解而失去制动作用。

(3)在运行途中，当空气制动机发生故障失去作用时，用以代替空气制动机，继续慢行到前方站，以免停留途中，妨碍运输。

(4)当车列或车辆停在有坡道的线路上时，用以防止其发生溜走。

**【答案】**对。

**9.【题目】**

电空制动机以电作为动力来源。(　　)

**【解析】**考查的是电空制动机的概念。

电空制动机也以压力空气作为动力来源，但电空制动机用电(信号)来控制制动装置的制动、保压和缓解作用。

电空制动机的最大优点是全列车能迅速实现制动和缓解作用，且列车前、后动作一致性好，适用于高速旅客列车和长大货物列车。但由于增加了电控部分，结构比较复杂，比较容易引起故障。由于车辆混编等原因，目前只在旅客列车投入使用，未在货物列车应用。

**【答案】**错。

**10.【题目】**

总风管既是一根压力空气输送管，也是一根传递列车制动、保压和缓解指令的控制管。(　　)

**【解析】**考查的是制动管的概念。

制动(列车)管既是一根贯通全列车的压力空气输送管，向各车辆制动机供给压力空气，也是一根传递列车制动、保压或缓解指令的控制管，司机通过机车上的自动制动阀来操纵制动管中的空气压力变化，从而控制全列车各车辆制动机产生相应的动作。

**【答案】** 错。

## 三、制动相关理论

**11.【题目】**

具有三压力机构阀的自动制动机,分配阀的动作由制动管、(　　)和制动缸三种压力来控制。

**【解析】** 考查的是三压力机构阀的概念。

根据阀的作用原理自动制动机分为以下 3 种类型:(1)具有二压力机构阀的自动制动机:三通阀(或控制阀、分配阀)主活塞的动作是根据两种压力(制动管与副风缸)之间的压力差来控制,进而实现列车制动、缓解与保压作用的制动机。这种制动机只具有一次缓解性能,而不具备阶段缓解性能。(2)具有三压力机构阀的自动制动机:分配阀主活塞的动作由制动管、定压风缸和制动缸三种压力的变化来控制,以实现制动、缓解和保压作用的制动机。(3)具有二、三压力混合机构阀的自动制动机:既具有二压力机构又具有三压力机构阀的称为二、三压力混合机构自动制动机。具有二、三压力混合机构的制动机兼顾了二压力机构阀和三压力机构阀的优点,并且,将转换塞门置于"客车"位可实现阶段缓解作用;置于"货车"位即可实现一次缓解作用。

**【答案】** 定压风缸。

**12.【题目】**

机车制动缸压力与制动管减压量的关系为(　　)。

A. 1∶1　　B. 2.5∶1　　C. 3.25∶1

**【解析】** 考查的是制动缸压力与制动管减压量的关系。

因为自动制动阀(大闸)制动时,制动缸压力受作用管(风缸)的控制,而且两者压力保持一致。机车制动缸压力与制动管减压量的关系,实际上也是作用管(风缸)压力与制动管减压量的关系。经计算,制动缸压力 $P_Z=2.5\times$ 制动管减压量 $r$。

**【答案】** B。

**13.【题目】**

列车的缓解作用沿列车长度方向由前向后逐次发生,习惯上叫作(　　)。

**【解析】** 考查的是缓解波的概念。

列车的制动作用或缓解作用沿列车长度方向由前向后逐次发生,习惯上分别叫"制动作用的传播"或"缓解作用的传播",简称"制动波"或"缓解波"。

制动作用或缓解作用沿列车长度方向的传播速度分别称为"制动波速"或"缓解波速"。其数值等于由机车自动制动阀手柄移放到"制动"位或"缓解"位("运转"位)的瞬间开始,到列车最后一辆的制动机发生制动作用或缓解作用为止所经过的时间去除制动管的全长。

制动(或缓解)波速是用来评价列车制动(或缓解)灵敏度的重要指标。制动(或缓解)波速越高,列车前后部制动作用的同时性越好,有利于减轻制动时的纵向动作用力并缩短制动距离。

**【答案】** 缓解波。

**14.【题目】**

(1)制动管的减压速率达到某一数值范围时,制动机必须发生制动作用的性能,称为制动机的(　　)。

A. 安定性　　　　B. 灵敏度　　　　C. 稳定性

(2)制动灵敏度又分为紧急制动灵敏度和(　　)灵敏度。

**【解析】** 考查的是制动机灵敏度的概念。

所谓灵敏度就是制动机的感度,它是评价车辆制动机性能的主要指标之一。当制动管减压(或增压)速率达到一定数值范围时,制动机必须产生制动(或缓解)作用的性能,称为制动机的灵敏度。

灵敏度分为制动灵敏度和缓解灵敏度。而制动灵敏度又分为紧急制动灵敏度和常用制动灵敏度。一般地,常用制动灵敏度为 10～40 kPa/s,紧急制动灵敏度为 70 kPa/s。

**【答案】** (1)B;(2)常用制动。

**15.【题目】**

紧急制动后 15 s 才能缓解是为了在尚未停车之前立即缓解,会发生剧烈

的纵向冲动和可能造成的断钩事故。(　　)

**【解析】** 考查的是紧急制动的概念。

在紧急情况下为使列车尽快停住所施行的制动,称为“紧急制动”(也称为“非常制动”),它的特点是要最大限度地发挥列车的制动能力,因此作用比较迅速。

对于现代制动机来说,紧急制动与常用制动一般是分开的,由专门的设备(紧急阀、紧急部)实现。由于紧急阀的工作原理,司机使用列车紧急制动后,需经 15 s 后才可以充气缓解,以防意外事故发生。

从原理上来看,紧急制动时制动管减压速率更快,三通(分配)阀的动作更迅速,向制动缸充风的通路更大,制动缸最终风压更高,即制动力更早更大,以有效缩短制动距离,尽快停车,避免事故发生或扩大。

**【答案】** 对。

**16.【题目】**

列车施行制动后不再进行缓解,根据列车减速情况进行追加减压,即可使列车停于预地点,叫作(　　)。

A. 一段制动法　　B. 二段制动法　　C. 牵引辅助法

**【解析】** 考查的是一段制动法的概念。

列车施行制动后不再进行缓解,根据列车减速情况进行追加减压,即可使列车停于预地点,叫作一段制动法。

**【答案】** A。

## 四、车辆制动机

**17.【题目】**

折角塞门用来开通或遮断制动主管与制动软管之间的空气通路。(　　)

**【解析】** 考查的是折角塞门的作用。

折角塞门安装在车辆制动主管的两端,它的用途是开通或遮断制动主管与制动软管之间的空气通路,以利于在列车中处理制动软管或制动主管故障,保存或排出制动管压力空气。同时,在有压力空气状态下摘挂机车或车辆时,只需关闭其折角塞门而无须排除列车制动主管的全部压力空气。

**【答案】** 对。

**18.【题目】**

截断塞门安装在车辆(　　)上。

A. 制动主管两端　　B. 制动主管中部　　C. 制动支管

**【解析】** 考查的是截断塞门的作用与使用。

截断塞门安装在制动支管上,凡遇列车中某一车辆制动机发生故障,不能及时修复或因车辆装载的货物规定需停止使用该车制动机等情况时,可以关闭此塞门,同时拉动缓解阀(货车)或开放排水塞门(客车),排出副风缸内的压力空气,停止该车制动机的使用。

**【答案】** C。

## 五、基础制动装置与制动力分析

**19.【题目】**

(1)制动力大小与制动缸活塞直径的大小有关。(　　)

(2)制动力的大小与哪些因素有关?

**【解析】** 考查的是制动力的影响因素。

(1)制动缸内空气压力的大小;(2)制动缸活塞直径的大小;(3)制动倍率的大小;(4)闸瓦与车轮间摩擦系数的变化。

**【答案】** (1)对;(2)答案见解析。

**20.【题目】**

更换闸瓦作业完毕后,应开放相应的制动缸塞门,然后撤除防溜措施。(　　)

**【解析】** 考查的是更换机车闸瓦时的注意事项。

更换机车闸瓦时,应注意:(1)机班人员应加强联系,注意人身安全,并对机车采取防溜措施。(2)关闭相应制动缸(转向架)的塞门,然后将单阀置于制动位(使另一转向架的制动缸充气制动)。(3)作业中严禁移动自动制动阀或单独制动阀手柄并挂好禁动牌。

更换闸瓦作业完毕后,应开放相应的制动缸塞门,进行制动试验,调整闸瓦间隙,然后撤除防溜措施。

**【答案】** 错。

**21.【题目】**

(1)机车车辆制动时,闸瓦抱住车轮使其停止转动,车轮继续在钢轨上滑动,这种现象叫(　　)。

(2)造成滑行的原因之一是闸瓦压力过高,使制动力大于(　　)。

A. 摩擦力　　B. 黏着牵引力　　C. 轮轨间的黏着力

**【解析】** 考查的是车轮的滑行概念及造成滑行的主要原因。

当制动力大于轮轨间黏着力时,闸瓦抱住车轮使其停止转动,但因机车车辆的惯性作用,车轮在不能滚动的情况下将继续在钢轨上滑动,这种现象叫作滑行。造成滑行的原因主要有:(1)因闸瓦压力过高,使制动力大于轮轨间的黏着力。(2)轨面有水、霜、冰、雪、油脂等物,降低了黏着力。

**【答案】** (1)滑行;(2)C。

## 六、制动机操作注意事项

**22.【题目】**

(1)列车紧急制动时,除机车制动机的自动撒砂外,当列车速度(　　)时,应少量撒砂。

A. 开始下降　　B. 快速下降　　C. 较低

(2)机车撒砂要注意哪些事项?

**【解析】** 考查的是机车撒砂时的注意事项。

(1)撒砂量不要过多。(2)已发生空转时,应当减低牵引力,空转停止后再适量撒砂。(3)列车紧急停车,速度较低时应少量撒砂。

**【答案】** (1)C;(2)答案见解析。

**23.【题目】**

使用机车动力制动，在需要缓解时，应先解除动力制动，再缓解空气制动。（ ）

**【解析】** 考查的是使用机车动力制动应遵守的规定。

(1)运行中需要调速时，应首先使用动力制动，当动力制动不能控制列车速度时，要及时配合使用空气制动。(2)内燃机车在提、回动力制动手柄时要逐位进行，至“1”位时要稍做停留。电力机车给定制动励磁电流时，电流的升、降要做到平稳。(3)制动电流不得超过额定值。(4)动力制动与空气制动配合使用时，应将机车制动缸压力及时缓解为零(设有自动控制装置的机车除外)。(5)需要缓解时，应先缓解空气制动，再解除动力制动。(6)双机(或多机)牵引使用动力制动时，前部机车使用后，再通知后部机车依次使用；解除动力制动时，根据前部机车的通知，后部机车先解除，前部机车后解除动力制动。

**【答案】** 错。

**24.【题目】**

为防止列车断钩，进站停车时货物列车要防止低速缓解、二次制动。（ ）

**【解析】** 考查的是进站停车在操作中如何防止列车断钩。

(1)施行空气制动要适当加长制动距离，初次减压量要小，做到“早减压、少减压”。(2)货物列车要做到一次制动停妥、停稳并施行保压停车。(3)货物列车要防止低速缓解、二次制动。

**【答案】** 对。

**25.【题目】**

一次追加减压量超过初次减压量，会使列车制动力急剧降低，不利于平稳操纵。（ ）

**【解析】** 考查的是列车制动减压排风未完时不应再次追加的原因。

列车制动减压时，排风未止就进行追加减压，等于施行了一次大减压，并且制动管减压波动，列车将因前部车辆制动力过强而产生较大的纵向冲动。一次追加减压量超过初次减压量,会使列车制动力急剧增强,不利于平稳操纵。

**【答案】** 错。

**26.【题目】**

少量减压后停车的列车,为什么要追加减压至 100 kPa 才能缓解?

**【解析】** 考查的是少量减压后停车的列车,要追加减压至 100 kPa 才能缓解的原因。

少量减压后停车的列车,后部车辆三通阀作用位置不到位,易造成缓解不良。为此,应追加减压至 100 kPa,使车辆三通阀主活塞两侧压力差增大,动作灵活,避免车辆制动缓解不良的现象发生。

**【答案】** 答案见解析。

**27.【题目】**

防止滑行的办法有哪些?

**【解析】** 考查的是防止滑行的办法。

防止滑行的办法:(1)适当掌握减压量。(2)低速制动时,一次减压量不可过大;机车制动力过大时,可用单阀适当缓解。(3)机车制动机紧急制动位的自动撒砂作用良好;列车发生紧急制动时,应在停车前适当撒砂。

**【答案】** 答案见解析。

**28.【题目】**

(1)机车无动力托运时,按不同类型机车制动机无动力回送要求,切断制动阀与列车制动主管的通路,开放(　　)塞门。

A. 总风缸　　B. 控制风缸　　C. 无动力装置

(2)机车无动力回送时分配阀压力调整至(　　)。

A. 150～200 kPa　　B. 200～350 kPa　　C. 350～450 kPa

**【解析】** 考查的是内燃机车无动力托运时,应如何进行整备。

(1)电传动内燃机车的牵引电动机电刷全部拔掉。(2)液力传动内燃机车应折除与动轮连接的万向轴。(3)拆除动轴轴箱测速发电机的机械连接。

(4)排净柴油机的冷却水和润滑油，冬季注意防冻。(5)按不同类型机车制动机无动力回送要求，切断制动阀与列车制动主管的通路，开放无动力装置塞门。(6)制动缸活塞行程调整到标准的最大值。(7)分配阀安全阀压力调整至150～200 kPa。(8)无动力托运机车应由司机随车回送，并备有信号器具和必要的油脂、工具。(9)在填写“回送机车请求书”的限制速度及理由时，如不要求限速或能满足回送全程列车运行速度要求时，应填写“不限”字样。

**【答案】** (1)C；(2)A。

# 第七章 行车安全装备

## 1.【题目】

列车运行监控装置的电控放风阀由电控阀、放风阀和(　　)组成。

A. 紧急风缸　　B. 延时风缸　　C. 降压风缸

**【解析】** 考查的是监控装置电控放风阀的组成。

列车运行监控装置的电控放风阀由电控阀、放风阀和延时风缸三大部分组成。

**【答案】** B。

## 2.【题目】

车机联控就是由机务部门、车务部门利用列车无线调度通信系统,采用自控、互控、他控手段,保证列车运行安全。(　　)

**【解析】** 考查的是车机联控的概念。

车机联控就是由机务部门的机车乘务员与车务部门的车站值班员利用列车无线调度通信系统进行行车工作联系的一种安全制度,采用自控、互控、他控手段,保证列车运行安全。

**【答案】** 对。

## 3.【题目】

LKJ2000型列车运行监控装置退出调车状态时,需在停车状态下按压【调车】键退出调车状态。(　　)

**【解析】** 考查的是乘务员进入和退出调车状态的操作方法。

机车、动车组在停车状态下,按压【调车】键进入调车模式,工作模式栏显示为"调车",距离显示区清零;停车和运行状态下,再次按压【调车】键,均可退出调车模式转为其他模式。所以LKJ2000型列车运行监控装置退出调车状态时，在有、无速度的状态下都可按压【调车】键退出调车状态。

**【答案】** 错。

**4.【题目】**

当机车信号突变时，监控装置提示“信号突变，7、6、5、4、3、2、1”，在确认地面信号开放后，必须在(　　)内按压【解锁】键，否则监控装置将发出紧急制动命令。

A. 3 s　　　　B. 7 s　　　　C. 10 s

**【解析】** 考查的是运行中发生信号突变时的操作方法。

当机车信号突变时，监控装置提示“信号突变，7、6、5、4、3、2、1”，在确认地面信号开放后，必须在 7 s 内按压【解锁】键，否则监控装置将发出紧急制动命令。

**【答案】** B。

**5.【题目】**

LKJ2000 型列车运行监控装置防超模式和防冒模式的控制方式一样。(　　)

**【解析】** 考查的是防超模式和防冒模式的区别。

固定模式限速值：是指 LKJ 用于计算防止列车超速运行的基准值。

恒速区：是指 LKJ 按固定模式限速值监控列车运行的区域。

防止冒进信号：是指 LKJ 防止列车越过关闭的信号机(或 LKJ 通过信号显示逻辑判断为关闭的信号机)的控制过程。所以 LKJ2000 列车运行监控装置防超模式和防冒模式的控制方式不一样。

**【答案】** 错。

**6.【题目】**

LKJ2000 型列车运行监控装置降级 ZTL 状态报警时，按(　　)键暂停报警作用。

**【解析】** 考查的是监控装置降级 ZTL 状态报警时的操作方法。

LKJ2000 型列车运行监控装置降级 ZTL 状态周期报警启动后,须在 7 s 内按压【警惕】键应答,暂停报警作用,否则 LKJ 实施紧急制动,周期报警间隔为 4 s。紧急制动实施后,在停车状态下按压【缓解】键或断电 30 s 后重新上电,解除紧急制动指令。

**【答案】**【警惕】。

**7.【题目】**

列车运行监控装置(LKJ)在操纵端可进行正常按键操作,而在非操作纵端只能进行一些(　　)操作。

**【解析】** 考查的是监控装置在操纵端和非操作纵端能进行的操作。

列车运行监控装置(LKJ)在操纵端可进行正常按键操作,而在非操作纵端只能进行一些查询操作,因为操纵端设置为有权端,非操纵端设置为无权端,所以无权端只能进行一些查询操作。

**【答案】** 查询。

**8.【题目】**

在有权端,【警惕】【调车】【开车】和【解锁】等键按压无效。(　　)

**【解析】** 考查的是监控装置在有权端能进行的按键操作。

LKJ2000 型列车运行监控装置显示屏右侧状态显示窗口"有权"指示灯点亮,表示该端有操作权。在有权端可进行正常按键操作,而在无权端只能进行部分查询功能的操作。在调车模式,两端操作均有效。所以在有权端,【警惕】【调车】【开车】和【解锁】等键按压均有效。

**【答案】** 错。

**9.【题目】**

LKJ2000 型列车运行监控装置采用(　　)工作方式。

A. 单机独立　　B. 双机冗余　　C. 双机并行

**【解析】** 考查的是 LKJ2000 型列车运行监控装置主机箱的组成。

LKJ2000 型列车运行监控装置主机为系统控制中心,采用双机主从热备冗余工作方式，内部由A、B两组完全相同且相对独立的控制单元组成，每个单元都自成系统。

**【答案】** B。

**10.【题目】**

LKJ2000型列车运行监控装置，对制动机试验操作，监控装置均一一记录。（　　）

**【解析】** 考查的是LKJ2000型列车运行监控装置对制动机操作的记录功能。

LKJ2000型列车运行监控装置对机车信号显示状态，地面传输信息，实际速度，限制速度，列车管压力，机车制动缸压力，机车工况，柴油机转速/原边电流，装置报警，装置控制指令输出状况，司机操作装置状况等均进行记录。

因此LKJ2000型列车运行监控装置，对制动机试验操作，监控装置均一一记录。

**【答案】** 对。

**11.【题目】**

LKJ2000型列车运行监控装置能记录哪些运行参数？

**【解析】** 考查列车运行时监控装置记录的参数。

LKJ2000型列车运行监控装置记录的运行参数有：时间，线路公里标，距前方信号机距离，前方信号机种类及编号，机车信号显示状态，地面传输信息，实际速度，限制速度。列车管压力、机车制动缸压力，机车工况。柴油机转速/原边电流，装置报警。装置控制指令输出状况，司机操作装置状况，装置异常状况，平面调车灯显信息。

**【答案】** 答案见解析。

**12.【题目】**

在无线灯显调车时，信号与口令不符时应立即停车。（　　）

【解析】考查的是无线灯显调车设备的作用。

使用无线灯显调车时,遇哪些情况须立即停车:

(1)在调车作业中,信号中断、信号不清须立即停车;

(2)发现信号升级,司机应立即停车并通知调车长;

(3)听到十车指令后,约走五车距离后,仍未听到调车长呼叫五车指令,立即停车并问清楚;

(4)信号与口令不符时应立即停车。

【答案】对。

## 13.【题目】

LKJ2000 型列车运行监控装置,当机车运行中发生"常用制动"指令后乘务员一次按压【缓解】键完成缓解操作。(　　)

【解析】考查的是 LKJ2000 型列车运行监控装置在列车运行中实施常用制动后,司机如何操作。

LKJ2000 型列车运行监控装置在列车运行中实施常用制动后,速度降低到"允许缓解"的设定值后,语音提示"允许缓解",此时按压【缓解】键,解除常用制动指令,LKJ2000 型列车运行监控装置提示"缓解成功",否则不能缓解。所以当机车运行中发出"常用制动"指令后,不是什么时候按压【缓解】键都能完成缓解操作。

【答案】错。

## 14.【题目】

LKJ2000 型列车运行监控装置以红色曲线方式显示当前区段的限制速度和前方(　　)m 以内的线路限速情况。

【解析】考查的是 LKJ2000 型列车运行监控装置的屏幕显示器的功能。

LKJ2000 型列车运行监控装置的屏幕显示器是以绿色曲线方式显示当前列车实际运行速度曲线情况,以红色曲线方式显示当前区段的限制速度和前方 4 000 m 以内的线路限速情况。

【答案】4 000。

**15.【题目】**

LKJ2000 型列车运行监控装置屏幕右边状态窗口的“开车”灯在按压(　　)键响应后灯灭。

**【解析】** 考查的是 LKJ2000 型列车运行监控装置屏幕显示器状态显示窗口的显示状态。

LKJ2000 型列车运行监控装置屏幕显示器右边是状态显示窗口，参数有效设定完毕，点亮此指示灯。在开车后按压【开车】键响应后，“开车”指示灯灭。

**【答案】**【开车】。

**16.【题目】**

LKJ2000 型列车运行监控装置屏幕上的揭示显示，底色为绿色的是已经越过的，红色的是(　　)的揭示。

**【解析】** 考查的是 LKJ2000 型列车运行监控装置屏幕显示器中间区域窗口显示的内容。

LKJ2000 型列车运行监控装置屏幕显示器中间的窗口主要是以图形和曲线的方式显示当前机车的运行速度、当前区段信息的窗口以及前方的线路状况，LKJ2000 型列车运行监控装置屏幕上显示的运行揭示命令底色是灰色，底色为绿色的是已经越过的，红色的是已经解除的揭示。

**【答案】** 已经解除。

**17.【题目】**

LKJ2000 型列车运行监控装置设定好测距操作，机车经过首架信号机时，按压(　　)键，产生一条记录，并转入测距运行状态。

**【解析】** 考查的是 LKJ2000 型列车运行监控装置在进行距离测量时的操作方法。

LKJ2000 型列车运行监控装置具有距离测量功能，在测距状态时，设定好测距操作，当机车经过首架信号机时，按压【信号机】键，产生一条记录，并转入测距运行状态。

**【答案】**【信号机】。

**18.【题目】**

LKJ2000 型列车运行监控装置以(　　)曲线方式显示当前的机车运行速度和刚走行的速度曲线情况。

**【解析】** 考查的是 LKJ2000 型列车运行监控装置屏幕显示器中间区域窗口显示的内容。

LKJ2000 型列车运行监控装置以绿色曲线方式显示当前的机车运行速度和刚走行的速度曲线情况。以红色曲线方式显示当前区段的限制速度和前方 4 000 m 以内的线路限速情况。

**【答案】** 绿色。

**19.【题目】**

当 LKJ2000 型列车运行监控装置发生防溜报警时一次按压(　　)键。

A. 解锁　　B. 警惕　　C. 缓解

**【解析】** 考查的是 LKJ2000 型列车运行监控装置发生防溜报警时如何操作。

当 LKJ2000 型列车运行监控装置发生防溜报警时一次按压【警惕】键,解除防溜报警,否则倒计时 10 s 后监控装置将施行紧急制动。

**【答案】** B。

**20.【题目】**

LKJ2000 型列车运行监控装置防溜动作后,按压(　　)键,装置允许充风缓解。

A. 警惕　　B. 解锁　　C. 信号机

**【解析】** 考查的是 LKJ2000 型列车运行监控装置发生防溜报警时如何操作。

LKJ2000 型列车运行监控装置设置了管压、相位、手柄三种防溜功能,防溜动作实施紧急制动停车后,必须按压【警惕】键才能撤除语音提示,解除紧急制动指令，装置允许充风缓解。

**【答案】** A。

**21.【题目】**

列车运行中，LKJ2000 型列车运行监控装置过机误差（　　）300 m 时，装置可以自动校正。

A. 小于　　B. 等于　　C. 大于

**【解析】** 考查的是 LKJ2000 型列车运行监控装置如何进行过机误差校正操作。

LKJ2000 型列车运行监控装置正常情况下，在机车越过自闭区段通过信号机、半自闭区段进站信号发码箱（预告信号机附近）2～4 s，装置自动进行距离误差校正（显示屏公里标窗口绿底显示约 1 s），自动校正的最大误差距离为 300 m。所以列车运行中，过机误差小于 300 m 时，装置可以自动校正。

**【答案】** A。

**22.【题目】**

机车距信号机还有一段距离，但列车运行监控装置（LKJ）的距离显示值提前进入零显示，这种零显示出现在信号机之前的过机误差称为（　　）。

A. 滞后误差　　B. 超前误差　　C. 正常误差

**【解析】** 考查的是 LKJ2000 型列车运行监控装置超前误差和滞后误差的概念。

机车距信号机还有一段距离，但列车运行监控装置（LKJ）的距离显示值提前进入零显示，这种零显示出现在信号机之前的过机误差称为超前误差。零显示出现在信号机之后的过机误差称为滞后误差。

**【答案】** B。

**23.【题目】**

LKJ2000 型列车运行监控装置实行紧急制动时，不允许司机（　　）。

A. 解锁　　B. 缓解　　C. 移动闸把

**【解析】** 考查的是LKJ2000型列车运行监控装置实施紧急制动时的操作方法。

列车运行中,LKJ2000型列车运行监控装置实施紧急制动时,显示屏右侧状态显示窗口"紧急"指示灯点亮,当列车停车后自动解除紧急制动指令。

所以LKJ2000型列车运行监控装置实行紧急制动时,不允许司机缓解。

遇以下情况LKJ实施紧急制动,停车后需要按压【缓解】键,解除紧急制动指令。

(1)机车信号由红黄灯转无码引起的LKJ紧急制动;

(2)机车信号为红灯引起的LKJ紧急制动;

(3)速度信号故障引起的LKJ紧急制动(也可通过关机30 s后重新上电解除);

(4)LKJ检测到双机车载数据均读取异常(ROM异常)引起的LKJ紧急制动(也可通过关机30 s后重新上电解除);

(5)ZTL周期报警启动引起紧急制动。

**【答案】** B。

## 24.【题目】

LKJ2000型列车运行监控装置如果误差距离超过100 m,【自动校正】键功能失效。( )

**【解析】** 考查的是LKJ2000型列车运行监控装置如何进行过机误差校正操作。

正常情况下,在机车越过自闭区段通过信号机、半自闭区段进站信号发码箱2~4 s,装置自动进行距离误差校正,自动校正的最大误差距离为300 m。所以LKJ2000型列车运行监控装置如果误差距离超过300 m,【自动校正】键功能失效。

**【答案】** 错。

## 25.【题目】

列车运行监控装置(LKJ)速度控制装置的主要作用是什么?

**【解析】** 考查监控装置在速度控制时的主要作用。

速度监控装置的主要作用，一是防止列车运行越过关闭的地面信号机，二是防止列车在任何区段运行中超过机车车辆的构造速度、线路允许的最高运行速度和对应不同规格的道岔的限制速度。实现这样的作用目标，速度监控装置需要获得三方面的信息，即行车指令要求、运行线路状况和列车自身状况。

**【答案】** 答案见解析。

# 第二篇

# 专业知识

# 第八章　总体与转向架

## 第一节　总　　体

### 一、设备布置

**1.【题目】**

直流电力机车机械部分主要由车体、转向架、车体支承装置和牵引缓冲装置四大部分组成。(　　)

**【解析】** 考查的是直流电力机车机械部分的组成。

直流电力机车机械部分主要由车体、转向架、车体支承装置和牵引缓冲装置四大部分组成。

**【答案】** 对。

**2.【题目】**

(1)(　　)的主要作用是承担机车重量,产生并传递牵引力和制动力,实现机车在线路上行驶。

(2)车体的用途之一是接受转向架传来的牵引力,并传给(　　)装置,以便实现牵引列车。

(3)车体底架是主要用来安装车体内各种设备,承受并传递纵向、垂向力。(　　)

(4)机车转向架与车体之间的力是由(　　)传递。

**【解析】** 考查的是车体的作用。

(1)用来安设各种电气设备和辅助机组,机车上除牵引电机外,几乎所有的电气设备都安装在车体内;(2)保护车内设备不受雨、雪、风、沙侵袭;(3)作为乘务员操纵、维修保养机车的场所;(4)接受转向架传来的牵引力、制动力,并传给设在车体两端的牵引缓冲装置;(5)将各种设备的重量经支承装置传给转向架及轨道;(6)在机车运行中除承受上述纵向力、垂向力外,还承受走行部传来的冲击、振动及各种横向力。

车体底架是车体的基础,主要用来安设车体内各种设备,承受并传递纵向、垂向、横向力。

**【答案】**(1)车体底架;(2)牵引缓冲;(3)对;(4)牵引装置。

**3.【题目】**

(1)机车车体设备特点是每节车都以变压器为中心(　　)布置,保证合理的重量分配。

(2)$SS_4$ 改型电力机车单节车共分五个室,从前向后依次为司机室、Ⅰ端电器室、(　　)、Ⅱ端电器室和辅助室。

**【解析】**考查的是 $SS_4$ 改型电力机车设备布置特点。

机车为单节单端司机室,两节完全相同,采用双边走廊、每节车都以变压器为中心斜对称布置,保证合理的重量分配。单节车共分五个室,从前向后依次为司机室、Ⅰ端电器室、变压器室、Ⅱ端电器室和辅助室。

**【答案】**(1)斜对称;(2)变压器室。

**4.【题目】**

直流电力机车的变压器顶盖板上装有高压电流互感器,高压电压互感器、主断路器和(　　)等设备。

**【解析】**考查的是电力机车变压器顶盖上的电气设备。

电力机车变压器顶盖上的电气设备包括有电流互感器,高压电压互感器、主断路器和避雷器等设备。

**【答案】**避雷器。

## 二、通风系统

**5.【题目】**

(1)机车通风机分为(　　)和轴流式通风机两大类。

(2)机车通风机分为(　　)式通风机和轴流式通风机两大类。

**【解析】** 考查的是机车通风机种类。

机车通风机分为离心式和轴流式通风机两大类。

**【答案】** (1)离心式;(2)离心。

**6.【题目】**

$SS_4$ 改型电力机车三大通风支路中第一支路的冷却对象是(　　)。

A. 牵引变压器及平波电抗器

B. 制动电阻

C. 牵引电机、整流柜及功补电容

**【解析】** 考查的是机车通风系统的通风支路。

(1)第一支路冷却对象:牵引电机、整流柜及功补电容。冷却机组:1、2 牵引通风机组(牵引电机离心风机支路)。

侧墙百叶窗—→Ⅰ端整流柜及功补电容→通风机1 —→牵引电机1。
　　　　　　　　　　　　　　　　　　　　　　—→牵引电机2。
侧墙百叶窗—→Ⅱ端整流柜及功补电容→通风机2 —→牵引电机3。
　　　　　　　　　　　　　　　　　　　　　　—→牵引电机4。

(2)第二支路冷却对象:牵引变压器及平波电抗器。冷却机组:变压器风机、潜油泵。油循环风冷(变压器轴流风机、油循环风冷支路)。冷却通路:百叶窗→牵引变压器油散热器→变压器风机→车顶百叶窗。(3)第三支路冷却对象:制动电阻。冷却机组:制动风机组(制动电阻柜轴流风机支路)。冷却通路:车体底架进风口→制动风机 1 或 2→风道→制动电阻 1 或 2→车顶百叶窗。

**【答案】** C

# 第二节 转向架

## 一、转向架

**7.【题目】**

$SS_4$ 改型电力机车的轴列式为(　　),说明该机车每台转向架内各动轴单独驱动。

【解析】考查的是机车轴列式。

轴列式是用数字或字母表示机车走行部特点的一种简单方法。$SS_4$ 改型电力机车轴列式为 $2(B_0-B_0)$，表示该机车由两节完全相同的四轴机车组成。每节车由两台二轴转向架组成，转向架内各动轴单独驱动。

【答案】$2(B_0-B_0)$。

**8.【题目】**

电力机车的轮对由车轮、车轴、(　　)等组成。

A. 轴箱　　B. 传动大齿轮　　C. 牵引电机

【解析】考查的是电力机车转向架的轮对结构。

电力机车的轮对由车轮、车轴、传动大齿轮等组成。

【答案】B。

**9.【题目】**

机车转向架在结构上所允许的最大速度称为机车的(　　)。

A. 持续制速度　　B. 小时制速度　　C. 构造速度

【解析】考查的是构造速度。

构造速度是反映机车和转向架设计制造水平的重要参数。机车转向架在结构上所允许的最大速度称为机车的构造速度。

【答案】C。

**10.【题目】**

转向架是承受车体传来的各向静动载荷，传递牵引力、制动力，牵引机车在轨道上运行。(　　)

【解析】考查的是转向架的作用。

转向架即机车下部在线路上走行的部分，其主要功用是承担机车重量，产生并传递牵引力和制动力，实现机车在线路上的行驶(即承重、传力、转向)。

【答案】对。

**11.【题目】**

撒砂软管在撒砂器中的作用是使砂箱中的砂粒经撒砂软管准确的撒在车轮与钢轨之间接触处的前方。（　　）

**【解析】** 考查的是撒砂软管在撒砂器中的作用。

撒砂软管在撒砂器中的作用是使砂箱中的砂粒经撒砂软管准确的撒在车轮与钢轨之间接触处的前方。

**【答案】** 对。

## 二、车钩及缓冲装置

**12.【题目】**

(1)车钩缓冲装置的作用是吸收和缓和（　　）或制动引起的冲击力。

(2)车钩缓冲装置的作用是吸收和缓和牵引或制动引起的（　　）。

**【解析】** 考查的是车钩缓冲装置的作用。

车钩缓冲装置能够吸收、缓和牵引或制动引起的冲击力。

**【答案】** (1)牵引;(2)冲击力。

**13.【题目】**

牵引缓冲装置的用途是将机车与车辆连接或分离,在运行中传递牵引力,缓和及衰减牵引力与制动力的变化,具有连接、牵引和缓冲的作用。（　　）

**【解析】** 考查的是牵引缓冲装置的作用。

牵引缓冲装置的作用是将机车与车辆连接或分离,在运行中传递牵引力,缓和及衰减牵引力与制动力的变化,具有连接、牵引和缓冲的作用。

**【答案】** 对。

**14.【题目】**

车钩由钩体、钩舌、钩舌销、钩锁、（　　）、下锁销装置构成。

**【解析】** 考查的是车钩的结构。

车钩由钩体、钩舌、钩舌销、钩锁、钩舌推铁、下锁销装置构成。

**【答案】**钩舌推铁。

## 三、齿轮传动装置

### 15.【题目】

(1)$SS_4$ 改型电力机车采用双边斜齿轮传动有降低转速和(　　)的作用。

A. 降低磨损　　B. 减小力矩　　C. 增大力矩

(2)$SS_4$ 改型电力机车采用双边斜齿轮传动有降低转速和减小力矩的作用。(　　)

(3)牵引电机产生的转矩通过小齿轮传递给轮对大齿轮,使轮对作用于钢轨,从而产生(　　)。

**【解析】**考查的是齿轮传动装置的作用。

$SS_4$ 改型电力机车齿轮传动装置由牵引电机上的小齿轮和套装在车轴上的大齿轮及齿轮罩组成。齿轮传动比为 88∶21,采用双边斜齿轮传动。优点是受力均衡,左右齿轮同时驰动两个轮子转动,有利于提高运行品质。缺点是结构复杂,牵引电机轴向尺寸受较大限制,齿轮传动还有降低转速和增大力矩的作用。牵引电机产生的转矩通过小齿轮传递给轮对大齿轮,使轮对作用于钢轨,从而产生牵引力。

**【答案】**(1)C;(2)错;(3)牵引力。

## 四、轴箱定位

### 16.【题目】

(1)轴箱作用是将全部簧上载荷传给(　　),并将来自轮对的牵引力或制动力传递到转向架构架上。

(2)轴箱定位起到了(　　)和限制轮对活动范围的作用。

(3)轴箱拉杆的作用是将牵引力、制动力和横向力从轴箱传递给转向架,且允许(　　)有一定程度的相对位移。

A. 轴箱与钢轨　　B. 轴箱与轮对　　C. 轴箱与构架

(4)轴箱与构架的连接方式叫作(　　)。

**【解析】** 考查的是轴箱定位的概念和轴箱、轴箱拉杆的作用。

轴箱装设在车轴两端的轴颈上，用来安设轴承，将全部簧上载荷传给车轴，并将来自轮对的牵引力或制动力传到转向架构架上。此外还传递轮对与构架间的横向作用力。轴箱对构架来说是个活动关节，轴箱与构架的连接方式叫轴箱定位。由于轴箱位置决定了轮对位置，所以轴箱定位起到了固定轴距和限制轮对活动范围的作用。$SS_4$ 改型电力机车采用拉杆式轴箱定位方式，结构示意图如图 8-1 所示。在轴箱的前后两侧，伸出高低不同的两个轴箱耳，各连一轴箱拉杆，通过轴箱拉杆，将轴箱与转向架侧梁下焊装的轴箱拉杆座连接起来。

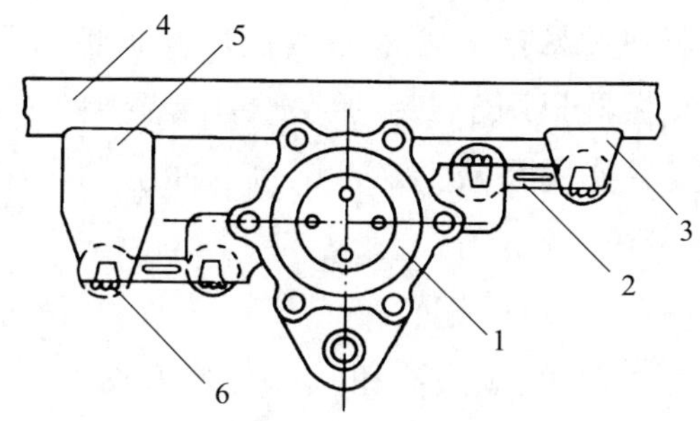


图 8-1　拉杆式轴箱定位结构示意图

1—轴箱；2—拉杆；3—构架拉杆座；4—构架侧梁；
5—构架拉杆座；6—螺栓

**【答案】** (1)车轴；(2)固定轴距；(3)C；(4)轴箱定位。

## 五、牵引电机悬挂装置、弹簧悬挂装置

**17.【题目】**

(1)$SS_4$ 改型电力机车牵引电机采用抱轴式、(　　)方式安装在转向架构架上。

(2)全悬挂分为架悬式和(　　)。

A. 轴悬式　　B. 体悬式　　C. 轮悬式

(3)机车牵引电动机的全悬挂分为架悬式和(　　)。

(4)牵引电机抱轴式半悬挂方式，是将一部分重量经抱轴承支持在轮对上，另一部分重量经橡胶减振装置悬挂在(　　)上。

A. 转向架构架　　B. 车体底架　　C. 车体枕梁

**【解析】** 考查的是牵引电动机的悬挂方式。

电力机车牵引电动机的悬挂方式分为全悬挂和半悬挂，全悬挂又分为架悬式和体悬式。$SS_4$ 改型电力机车牵引电机采用抱轴式半悬挂方式安装在转向架构架上。

**【答案】** (1)半悬挂；(2)B；(3)体悬式；(4)A。

**18.【题目】**

(1)直流电力机车弹簧悬挂装置采用的油压减振器有垂向、横向和抗蛇行三种，其中垂向油压减振器只用于二系弹簧悬挂装置中。(　　)

(2)二系悬挂装置的作用是减少来自钢轨的冲击，提高机车的平稳性，通过它把车体重量均匀地分配到(　　)上。

A. 转向架　　B. 钢轨　　C. 轮对

(3)一系弹簧装置由弹簧、减振器和(　　)等组成。

A. 轴箱拉杆　　B. 橡胶弹簧　　C. 摩擦限制器

**【解析】** 考查的是弹簧悬挂装置的组成和作用。

直流电力机车弹簧悬挂装置由弹簧(圆弹簧、橡胶弹簧)、减振器(垂向、横向油压减振器，摩擦减振器)和轴箱拉杆等组成。在转向架与轴箱之间设有一系悬挂装置，由圆弹簧、垂向油压减振器和轴箱拉杆等组成，在车体与转向架之间设有二系悬挂装置，即车体支承装置，由橡胶弹簧、横向油压减振器、摩擦减振器组成。一系悬挂装置中，垂向油压减振器与圆弹簧并联，既能保证有效地衰减振动，又能保持弹簧装置工作灵敏。二系悬挂装置布置在构架左右侧梁顶面，采用多层橡胶和多块钢板粘结硫化而成的堆，每台转向架 4 个，作用是减少来自钢轨的冲击，提高机车的平稳性，通过它把车体重量均匀地分配到转向架上。

**【答案】** (1)错；(2)A；(3)A。

## 六、轮轨润滑系统

**19.【题目】**

直流电力机车采用的轮轨润膏系统，主要由电气控制和机械执行两部分构成。(　　)

**【解析】** 考查的是直流电力机车轮轨润滑系统。

轮轨润滑系统主要由电气控制和机械执行两部分构成。

**【答案】** 对。

## 七、基础制动装置

**20.【题目】**

直流电力机车的基础制动装置的作用是将(　　)的力传给闸瓦。

**【解析】** 考查的是基础制动装置的作用。

为满足机车及列车制动的需要，直流电力机车设有基础制动装置，每个动轮有一组制动器安装在两轮之间，每个制动器都带有独立的制动缸、闸瓦间隙调整器、传动杠杆、闸瓦等，形成一个独立作用单元—单元制动器，作用是将制动缸的力传给闸瓦。

**【答案】** 制动缸。

# 第九章　高、低压电器及辅助电气系统

## 第一节　高低压电器

### 一、受电弓

**1.【题目】**

直流电力机车电气部分的主要功用是将来自接触网的电能变为牵引列车所需要的机械能,实现能量转换,同时还实现对机车的控制。(　　)

**【解析】** 考查的是电力机车电气部分作用。

直流电力机车电气部分的主要功用是将来自接触网的电能变为牵引列车所需要的机械能,实现能量转换,同时还实现对机车的控制。

**【答案】** 对。

**2.【题目】**

(1)DSA200 型单臂受电弓的弓头由弓头支架装置及(　　)组成。

A. 上导杆　　B. 左右支架　　C. 滑板

(2)受电弓滑板机构由滑板、支架组成。(　　)

**【解析】** 考查的是单臂受电弓的结构。

DSA200 型单臂受电弓的弓头由弓头支架装置及滑板构成。$SS_4$ 改型电力机车受电弓滑板机构由滑板、支架组成。

**【答案】** (1)C;(2)对。

**3.【题目】**

(1)受电弓升降过程的特点是(　　)。

(2)受电弓的升、降速度要求先慢后快。(　　)

(3)受电弓升弓应先快后慢,降弓应先慢后快。(　　)

**【解析】** 考查的是受电弓升降弓过程的特点。

受电弓升降弓时应不产生过分冲击,为此要求升降弓过程中具有先快后慢的特点,即升弓时滑板离开底架要快,贴近接触导线要慢,以防弹跳;降弓时滑板脱离接触导线要快,接近底架时要慢,以防拉弧及对底架有过分的机械冲击。

**【答案】** (1)先快后慢;(2)错;(3)错。

**4.【题目】**

DSA200 型单臂受电弓当滑板上的管道出现漏气,使管道压缩空气排出,压力下降,导致升弓装置压缩空气从(　　)排出,迫使受电弓快速下降。

A. 试验阀

B. 快速下降阀

C. 升弓电空阀

**【解析】** 考查的是 DSA200 型单臂受电弓自动降弓装置的结构及功能。

自动降弓装置由滑板上的管道、快速下降阀、试验阀、关闭阀及导管组成。当滑板上的管道出现漏气,使管道压缩空气排出,压力下降,导致升弓装置压缩空气从快速下降阀排出,迫使受电弓快速下降。如果快速下降阀与滑板间的导管断裂,可用关闭阀使自动降弓装置停止工作。

**【答案】** B。

**5.【题目】**

DSA200 型单臂受电弓通过控制机构的一个单向节流阀,控制进、出气囊的压缩空气量,分别用来控制受电弓的升、降速度。(　　)

**【解析】** 考查的是 DSA200 型单臂受电弓的单向节流阀的作用。

DSA200 型单臂受电弓通过控制机构的一个单向节流阀,控制进、出气囊的压缩空气量,分别用来控制受电弓的升、降速度。

**【答案】** 对。

## 二、主断路器

**6.【题目】**

主断(　　)的作用是使传动气缸较灭弧室滞后一定时间得到储风缸的压缩空气,从而使隔离开关的动作比主触头动作滞后 35～50 ms,从而实现隔离开关的无电分断。

A. 主阀　　　B. 启动阀　　　C. 延时阀

**【解析】** 考查的是主断路器低压部分结构中延时阀的作用。

延时阀的作用是使传动气缸较灭弧室滞后一定时间得到储风缸的压缩空气,从而使隔离开关的动作比主触头动作滞后 35～50 ms,从而实现隔离开关的无电分断。

**【答案】** C。

**7.【题目】**

主断路器分断时,(　　)。

A. 主触头先分断,隔离开关后分断

B. 隔离开关先分断,主触头后分断

C. 主触头、隔离开关同时分断

**【解析】** 考查的是主断路器分闸时的动作过程。

主断路器分闸时的动作顺序是:主触头分断电路并在灭弧室内熄灭主动、静触头之间的电弧,隔离开关打开,主触头重新闭合。此时,隔离开关保持在打开位置,从而保持主断路器处于分闸状态。即主断路器分闸时,隔离开关比主触头延时动作,待主触头断开并熄弧后再无电断开,主断路器合闸时,主触头不再动作,仅需操纵隔离开关闸刀闭合即可。

**【答案】** A。

**8.【题目】**

主断路器的结构主要由高压电流分断部分、隔离绝缘部分及电空机械装置(低压部分)组成。(　　)

**【解析】** 考查的是主断路器的结构。

主断路器的结构主要由高压电流分断部分、隔离绝缘部分及电空机械装置（低压部分）组成。

**【答案】** 对。

## 9.【题目】

（1）主断路器是电力机车上的总（　　）和总保护。

（2）直流电力机车主电路的保护器件为主断路器，除执行电路正常的开断外，还有故障状态下的开断。（　　）

（3）主断路器在直流电力机车上是总开关和总保护电器。（　　）

（4）主断路器的保护作用是通过接通主断路器的（　　）电路来实现的。

A. 分闸线圈

B. 合闸线圈

C. 保持线圈

**【解析】** 考查的是主断路器的作用。

主断路器是电力机车上的总开关和总保护。它起两种作用：一是控制作用，根据机车运行的需要，将交流高压电源引入机车或开断。二是保护作用，当机车发生故障时快速切除交流高压电源，使故障范围尽量缩小，主断路器的保护作用是通过有关电器来接通主断路器的分闸线圈来达到的。

**【答案】**（1）开关；（2）对；（3）对；（4）A。

## 10.【题目】

具有开断较大电流能力的是（　　）。

A. 两位置转换开关

B. 空气断路器

C. 高压隔离开关

**【解析】** 考查的是空气断路器开断电流的能力。

两位置转换开关和高压隔离开关都不能带电操作，不具有开断较大电流的能力。

**【答案】** B

**11.【题目】**

主断路器定位机构是使隔离离开关移至闭合或断开位置后不得自行变位，以防产生误动作。(　　)

**【解析】** 考查的是主断路器定位机构的作用。

定位机构是利用定位弹簧随隔离开关开、合而具有不同作用方向的力，使隔离开关移至闭合或开断位置后不得自行变位，以防产生误动作。

**【答案】** 对。

## 三、高压隔离开关

**12.【题目】**

(1)直流电力机车车顶装有的高压隔离开关，其主要作用是当(　　)发生故障时，将其隔离，避免因受电弓故障带电造成其他事故。

(2)高压隔离开关属于车顶保护电器。(　　)

**【解析】** 考查的是高压隔离开关的作用。

直流电力机车车顶装有的高压隔离开关，其主要作用是当受电弓发生故障时，将其隔离，避免因受电弓故障带电造成其他事故，因此它属于车顶保护电器。

**【答案】** (1)受电弓；(2)对。

**13.【题目】**

高压隔离开关如何分闸操作?

**【解析】** 考查的是高压隔离开关的动作过程。

隔离开关与灭弧室协调动作完成主断路器的分断动作，灭弧室主触头先分断电路并熄灭动、静触头间的电弧，隔离开关稍延时后打开隔离闸刀，隔离开关动作后灭弧室动、静触头再重新闭合。此时隔离开关保持在打开位置上，从而保持主断路器的分断工况。故隔离开关的分断动作是基本上不带电流的，断路器的闭合仅需操纵隔离开关闸刀的闭合即可。

**【答案】** 答案见解析。

## 四、高、低压互感器

**14.【题目】**

(　　)是一种测量用设备,用来测量一次侧电流和对一次侧进行继电保护。

**【解析】** 考查的是交流互感器的原理及作用。

交流互感器是一种测量用设备,是按照电磁感应原理来工作的,用来测量一次侧电流和对一次侧进行继电保护。

**【答案】** 交流互感器。

**15.【题目】**

直流电力机车电流互感器二次线圈不允许开路运行。(　　)

**【解析】** 考查的是电流互感器的使用注意事项。

直流电力机车电流互感器二次线圈不允许开路运行,电压互感器二次线圈绝不允许短路运行。

**【答案】** 对。

**16.【题目】**

高压电压互感器主要作用之一是使测量、保护和控制装置与(　　)相隔离。

**【解析】** 考查的是高压电压互感器的作用。

高压电压互感器主要作用之一是使测量、保护和控制装置与高电压相隔离。

**【答案】** 高电压。

**17.【题目】**

LQG-0.5装在主变压器原边绕组接地端,用来作为主电路短路保护用。(　　)

**【解析】** 考查的是 $SS_4$ 改型电力机车 LQG-0.5 型低压电流互感器的用途。

LQG-0.5 装在主变压器原边绕组接地端与电度表配合,用于测量机车所消耗的电量。

**【答案】** 错。

## 五、主变压器及冷却系统

**18.【题目】**

主变压器吸湿器正常干燥情况下硅胶颜色为蓝色,吸湿后是(　　)。

A、紫色　　B. 红色　　C. 青色

**【解析】** 考查的是吸湿器的结构特点。

TBQ 主变压器的吸湿器主体为一玻璃管,内盛变色硅胶作为吸湿器。变色硅胶干燥时呈蓝色,吸潮后呈粉红色。

**【答案】** B

## 六、司机控制器

**19.【题目】**

(1)为了防止误操作,司机控制器在两手柄之间设有(　　)。

A. 机械联锁　　B. 定位装置　　C. 电气联锁

(2)调速手柄在“制动”区域时,换向手柄被锁在“(　　)”位。

A. 前　　B. 后　　C. 制

(3)当换向手柄在“Ⅰ”“Ⅱ”“Ⅲ”位时,调速手轮可回“0”。(　　)

**【解析】** 考查的是司机控制器手柄间的机械联锁关系。

为了防止可能产生的误操作,确保机车设备及机车运行安全,司机控制器的手柄间设有机械联锁装置。其机械联锁关系如下:(1)换向手柄在“0”位,调速手柄被锁在“0”位;(2)换向手柄“前”“后”位,调速手柄可转向牵引区域;(3)换向手柄“制”位,调速手柄可转向制动区域;(4)调速手柄“0”位,换向手柄只能“0”“前”“后”“制”各位移动;(5)调速手柄牵引位,换向手柄只能在“前”“Ⅰ”“Ⅱ”“Ⅲ”位移动(当换向手柄在“Ⅰ”“Ⅱ”“Ⅲ”位时,调速手轮不可回“0”)或锁在“后”位;(6)调速手柄制动区域,换向手柄被锁在“制”位。

**【答案】** (1)A;(2)C;(3)错。

## 20.【题目】

(1)直流电力机车仅启动和调速、电气制动受司机控制器控制。(　　)

(2)司机控制器是操纵机车的重要电器,通过它对高压电器(主电路电器)的控制来间接控制低压电器。(　　)

(3)直流电力机车的启动、调速、前进和后退、电气制动受司机控制器控制。(　　)

**【解析】** 考查的是司机控制器的作用。

司机控制器是操纵机车的重要电器,通过它对低压电器的控制来间接控制高压电器,达到既方便又安全地控制机车的启动、调速、转换运行方向和电气制动的目的。

**【答案】** (1)错;(2)错;(3)对。

## 21.【题目】

直流电力机车手柄由机械“0”位向前推进(或顺时针转动)作为牵引控制。(　　)

**【解析】** 考查的是直流电力机车手柄的作用。

直流电力机车手柄由机械“0”位向前推进(或顺时针转动)作为牵引控制,向后拉(或逆时针转动)是作为制动控制。

**【答案】** 对。

## 22.【题目】

(1)$SS_4$ 改型电力机车的调速手轮设置(　　)个级位。

A. 8　　　　B. 10　　　　C. 12

(2)主司机控制器的换向手柄共有“后”“制”“前”“Ⅰ”“Ⅱ”“Ⅲ”六个位置。(　　)

**【解析】** 考查的是 $SS_4$ 改型电力机车调速手轮、换向手柄的结构特点。

$SS_4$ 改型电力机车的调速手轮固定在面板上,可在“牵引”或“制动”区域内操纵主轴转动,带动电位器转动,通过电位器输出电压的改变实现机车调速的目的共设置了 10 个级位。换向手柄为可取式。有“后”“0”“前”“制”“Ⅰ”“Ⅱ”“Ⅲ”共 7 个位置,如图 9-1 所示。通过其发出的主令,控制位置转换开关改变主电路的结构,实现机车运行状态及运行方向的转换,控制磁场削弱等级。

(a)面板图

(b)侧视图

图 9-1 TKS14A 型主司机控制器

1—手轮;2—手柄;3—凸轮;4—凸轮;5—定位凸轮;6—凸轮架;7—凸轮块;8—辅助触头盒;9—电位器;10—插座;11—主轴;12—转换轴;13—锁柱

**【答案】**(1)B;(2)错。

**23.【题目】**

电力机车司机控制器有何作用?

**【解析】** 考查的是电力机车司机控制器的作用。

司机控制器是操纵机车的重要电器,通过它对低压电器的控制来间接控制高压电器(即主电路电器),使司机操纵机车既安全又方便可靠。

**【答案】** 答案见解析。

## 七、两位置转换开关

**24.【题目】**

(1)直流电力机车两位置转换开关本身不存在开断电流的能力,即没有带灭弧罩,所以只能在机车有电状态下转换。(　　)

(2)直流电力机车两位置转换开关用来转换接通(　　)。

A. 主电路　　B. 辅助电路　　C. 控制电路

(3)电力机车上的两位置转换开关,用于实现机车(　　)间的转换。

A. 牵引和向前工况

B. 向后和制动工况

C. 牵引和制动工况

**【解析】** 考查的是两位置转换开关的作用及使用注意事项。

两位置转换开关用来转换接通主电路:一是改变机车的运行方向;二是实现机车牵引工况和电阻制动工况之间的转换。它自身不带灭弧装置,所以只能在机车无电状态下转换,否则会造成两位置转换开关的严重烧损、牵引电机环火,严重时还会烧损牵引电动机,擦伤机车轮缘。

**【答案】** (1)错;(2)A;(3)C。

**25.【题目】**

两位置转换开关主要由(　　)和触头组系统组成。

**【解析】** 考查的是两位置转换开关的主要结构组成。

两位置转换开关主要由传动装置和触头组系统组成。

**【答案】** 传动装置。

## 八、接触器

**26.【题目】**

接触器动触头和静触头在闭合过程中,在动触头和静触头相接触开始至动触头静止时为止,动触头在静触头表面的滑动距离称为(　　)。

A. 超程　　B. 研距　　C. 开距

**【解析】** 考查的是触头研距的概念。

当动触头与静触头在接触过程中,从动触头与静触头相接触开始至动触头静止时为止,动触头在静触头表面的研磨距离称为触头的研距。

**【答案】** B。

**27.【题目】**

电器触头在多次接通和断开有载电路后,它的接触表面将逐渐产生和损坏,这种现象做触头的磨损。(　　)

**【解析】** 考查的是触头磨损的概念。

电器触头在多次接通和断开有载电路后,它的接触表面将逐渐产生和损坏,这种现象做触头的磨损。

**【答案】** 对。

**28.【题目】**

(　　)就是保证电器的绝缘不致损坏,使用寿命不致过分降低以及电路的机械强度和导电、导磁性能不受危害的最高温度。

A. 允许温度　　B. 极限温度　　C. 极限允许温度

**【解析】** 考查的是极限允许温度、温升、极限允许温升的概念。

极限允许温度就是保证电器的绝缘不致损坏,使用寿命不致过分降低以及电路的机械强度和导电、导磁性能不受危害的最高温度。温升就是发热物体的温度与其周围介质温度之差。极限允许温升=极限允许温度-40 ℃。

【答案】C。

**29.【题目】**

(1)电空接触器是以电磁阀控制,用(　　)传动的接触器。

(2)电空接触器主要由传动风缸,触头系统,(　　)和低压连锁四部分组成。

A. 灭弧罩　　B. 联动机构　　C. 灭弧系统

【解析】考查的是电空接触器的特点及主要结构。

电空接触器是以电磁阀控制、用压缩空气传动的接触器。这种接触器易获得较大的接触压力,又能在机车上便利地得到气源。故在电力机车上的高电压、大电流回路中,广泛地应用这种接触器来接通或切断电流。电空接触器主要由传动风缸、触头系统、灭弧系统、低压联锁四部分组成。

【答案】(1)压缩空气;(2)C。

**30.【题目】**

试述电空接触器的结构及工作原理。

【解析】考查的是电空接触器的结构及工作原理。

电空接触器的安装方式为直装式,它由电空阀、传动气缸、绝缘杆、动静触头及其导弧角、灭弧罩、吹弧系统、软连线等部件组装而成。接触器的导电部分和传动气缸,通过绝缘杆连接后用两块侧面板组成一个整体,其主触头为L形,它以紫铜触头为基座,表面焊接银碳化钨粉末冶金触片。动静触头弧角分别安装在弧角支架和静触头座上。

工作原理:当电空阀线圈得电时打开气路,压缩空气经电空阀进入传动气缸,通过皮碗推动活塞杆,带动动触头向上移动与静触头闭合,接通电路。当电空阀线圈失电时,传动气缸中的压缩空气经由电空阀排向大气,在气缸中反力弹簧的作用下,动触头下移与静触头断开,将电路分断。这时,通过联锁触头组随着装于推杆的联锁板的上下移动而进行分合的联锁转换,接通或分断相应的控制电路。

【答案】答案见解析。

## 九、继电器

### 31.【题目】

(1)直流电力机车的接地继电器用于主电路(　　)保护。

(2)直流电力机车的接地继电器用于控制电路接地保护。(　　)

**【解析】** 考查的是接地继电器的作用。

直流电力机车的接地继电器用于主电路接地保护。

**【答案】** (1)接地;(2)错。

### 32.【题目】

继电器一般是指控制电路中的主令电器和执行电器之间进行逻辑转换及传递的控制电器。(　　)

**【解析】** 考查的是继电器的概念。

继电器一般是指控制电路中的主令电器和执行电器之间进行逻辑转换及传递的控制电器。

**【答案】** 对。

### 33.【题目】

JZ15 系列继电器磁系统为直流拍合式。(　　)

**【解析】** 考查的是 JZ15 系列继电器的结构。

$SS_4$ 改型电力机车使用的是 JZl5 系列中间继电器,例如 JZ5-44Z 型中间继电器,其型号意义为:

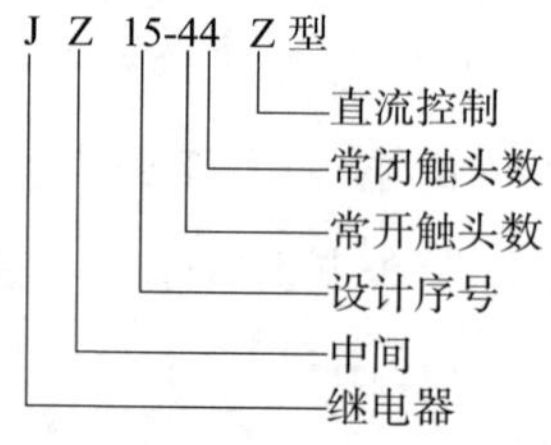


JZl5 系列继电器为直动式立体布置结构,如图 9-2 所示,其磁系统采用螺管直动式,铁芯和线圈布置在继电器中央,8 对双断点桥式触头分别布置在磁

轭的两旁。8 对桥式触头可根据需要任意组成 2 开 6 闭，4 开 4 闭，6 开 2 闭的方式，但必须注意两个触头盒中的常开、常闭触头数应对称布置。

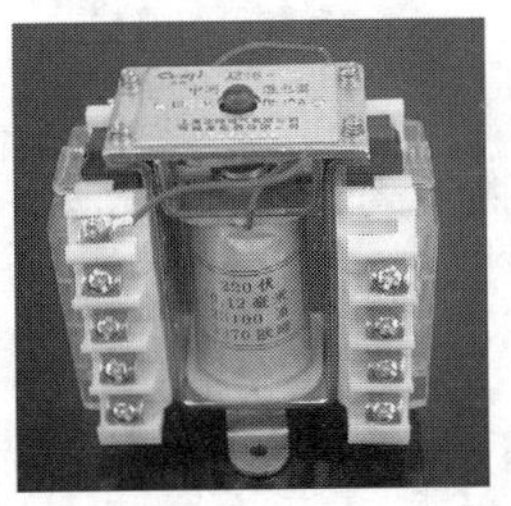

图 9-2　JZ15-44Z 型中间继电器

**【答案】** 错。

## 十、其他电器

**34.【题目】**

(　　)是一种用作过载和短路保护的电器，是简单的保护电器。

**【解析】** 考查的是熔断器的用途。

熔断器是一种用作过载和短路保护的电器，是简单的保护电器，具有经济、可靠、使用方便、安全等优点。其作用是依靠一种可熔的金属体串联在被保护的电路中，当被保护电路的电流超过允许值时，熔体熔断，从而切断了电路电源，达到保护电气设备的目的，也称为一次性熔断器。

**【答案】** 熔断器。

**35.【题目】**

(1)在主断路器的隔离开关一端，接有避雷器，用以抑制(　　)过电压及雷击过电压。

(2)避雷器接于主断路器主触头(　　)，主要用于防止操作过电压和防护雷击过电压。

A. 之前　　B. 之后　　C. 上方

**【解析】** 考查的是避雷器的用途。

在主断路器的隔离开关一端，即主断路器主触头之后接有避雷器，用以抑制操作过电压及雷击过电压。

**【答案】**(1)操作;(2)B。

**36.【题目】**

直流电力机车在主断路器和高压电流互感器之间,装有大气过电压保护放电间隙,无论主断路器合闸或分闸状态。(　　)

**【解析】** 考查的是的放电间隙用途。

SS型电力机车在主断路器和高压电流互感器之间,装有大气过电压保护放电间隙,无论主断路器合闸或分闸状态,都能起到大气雷击过电压的保护作用。在主断路器带强电分闸时,如产生过大的操作过电压,也将起到保护作用。

**【答案】** 对。

**37.【题目】**

(1)在直流电力机车上,蓄电池组作为直流控制电源的辅助电源也兼作晶闸管稳压电源的滤波元件。(　　)

(2)简述机车蓄电池的功用?

(3)机车受电弓在升弓前及晶闸管稳压电源发生故障时,机车控制电路都要由(　　)供电。

A. 直流电源　　B. 蓄电池　　C. 交流电源

**【解析】** 考查的是蓄电池在直流电力机车上的功用。

蓄电池是化学能与电能互相转换的装置,它能把电能转变为化学能储存起来,使用时再把化学能转变为电能,而且变换的过程是可逆的。在电力机车上,蓄电池组作为直流控制电源的辅助电源兼作晶闸管稳压电源的滤波元件,在升弓前及晶闸管稳压电源发生故障时机车控制电路都要由它供电。

**【答案】**(1)对;(2)答案见解析;(3)B。

**38.【题目】**

低压电器柜主要用于安装机车辅助电路和(　　)的一些设备。

**【解析】** 考查的是低压电器柜电器设备布置。

低压电器柜主要用于安装机车辅助电路和控制电路的一些设备。例如:接触器、继电器等。

**【答案】** 控制电路。

**39.【题目】**

电空阀是实现电路控制气路的主要部件。(　　)

**【解析】** 考查的是电空阀的定义及用途。

电空阀是一种借助于电磁吸力的作用来控制压缩空气管路的接通或阻断,以实现气路转换的三通阀门。

**【答案】** 对。

**40.【题目】**

自动开关能开断较大的短路电流,具有对电路的(　　)保护。

A. 过载　　B. 短路　　C. 过载、短路

**【解析】** 考查的是自动开关的作用特点。

自动开关是一种结构较为复杂、动作性能较为完善的配电保护电器,在机车上用来自动切断故障电路,同时亦用来以手动非频繁地切换正常电路,它有如下特点:(1)能开断较大的短路电流;(2)具有对电路过载、短路的双重保护;(3)允许操作频率低。

**【答案】** C。

**41.【题目】**

开关电器是用来(　　)的开闭有电流的电路。

A. 自动或非自动　　B. 自动　　C. 手动

**【解析】** 考查的是开关电器的定义。

开关电器是用来自动或非自动的开闭有电流的电路,如闸刀开关、自动开关、转换开关、按钮开关、隔离开关和主断路器等。此类开关操作次数少,断流能力强。

**【答案】** A。

**42.【题目】**

当某个桥臂的快速熔断器烧损或硅元件损坏时，会引起两架电流的不平衡。(　　)

**【解析】** 考查的是快速熔断器的作用。

直流电力机车的变流装置采用新型快速熔断器，在桥臂短路时可对晶闸管进行有效保护。当某个桥臂的快速熔断器烧损或硅元件损坏时，会引起两架电流的不平衡。

**【答案】** 对。

**43.【题目】**

当自动开关手柄处于脱扣位置时，应先将手柄拉向“断分”位，使自动开关挂扣然后再将自动开关推向“闭合”位，方可使自动开关闭合。(　　)

**【解析】** 考查的是自动开关的工作原理。

当自动开关手柄处于脱扣位置时，应先将手柄拉向“断分”位，使自动开关挂扣然后再将自动开关推向“闭合”位，方可使自动开关闭合。

**【答案】** 对。

## 第二节　牵引电机

**44.【题目】**

牵引电动机是电力机车的重要部件之一，它安装在车体底架上，通过传动装置与轮对相连。(　　)

**【解析】** 考查的是牵引电动机安装位置。

牵引电动机安装在转向架上。

**【答案】** 错。

**45.【题目】**

电机轴承加油过多，容易窜入电机内，降低绝缘。如果油窜至换向器表面，就会产生(　　),损坏电机。

A. 污染　　B. 火花　　C. 击穿

【解析】考查的是电机维护保养。

电机轴承加油过多,容易窜入电机内,降低绝缘。如果油窜至换向器表面,就会产生火花,损坏电机。

【答案】B。

**46.【题目】**

(1)电动机的电枢绕组电流方向不变,改变励磁绕组电流方向,可使电动机反转。(　　)

(2)电动机励磁绕组电流方向不变,改变(　　)的电流方向,亦可使电动机反转。

A. 补偿绕组　　B. 电枢绕组　　C. 换向绕组

(3)$SS_4$ 改型电力机车通常采用改变牵引电动机(　　)电流的方向来改变牵引电动机的旋转方向。

【解析】考查的是改变电动机的旋转方向的方法。

采用以下方法可以改变直流电动机的旋转方向:(1)电动机的电枢绕组电流方向不变,改变励磁绕组电流方向,可使电动机反转。(2)电动机励磁绕组电流方向不变,改变电枢绕组电流方向,亦可使电动机反转。电力机车上一般采用改变励磁绕组电流的方向来改变牵引电动机旋转方向,达到机车换向目的。

【答案】(1)对;(2)B;(3)励磁绕组。

**47.【题目】**

(1)牵引电动机的电刷装置是将电枢绕组与主极绕组电路相连接起来的部件。(　　)

(2)牵引电动机的(　　)装置是将电枢绕组与外电路相连接起来的部件。

(3)电制动工况时,直流牵引电动机的电刷装置是将电枢绕组与主极绕组电路相连接起来的部件。(　　)

【解析】考查的是牵引电动机的电刷装置。

牵引电动机的电刷装置是将电枢绕组与外电路相连接起来的部件。

**【答案】**(1)错;(2)电刷装置;(3)错。

## 48.【题目】

为满足机车运行的需要,牵引电机必须具有足够大的牵引力,具有良好的调速性能和较高的过载能力。(　　)

**【解析】**考查的是牵引电机的性能。

为满足机车运行的需要,牵引电机必须具有足够大的牵引力,具有良好的调速性能和较高的过载能力。

**【答案】**对。

## 49.【题目】

(1)直流电机具有可逆性,在机车牵引时作为电动机运行,在机车电阻制动时作为(　　)运行。

(2)直流电机的可逆性就是同一电机既可作为发电机工作,又可作为电动机工作。(　　)

(3)电力机车上使用的牵引电机,就是利用了直流电机的可逆性,在机车(　　)时作为发电机使用。

A. 牵引运行　　B. 电制动运行　　C. 惰力运行

**【解析】**考查的是直流电机的可逆性。

所谓直流电机的可逆性,就是同一电机既可以作为发电机工作,又可以作为电动机工作。其原因是电机本身是机械能和电能互相转换的设备,这个能量相互转换的过程同样是按照电磁感应规律为依据的,只是在不同的客观条件下,表现出不同的运行工况。电力机车上使用的牵引电机,就是利用了直流电机的可逆性,在机车牵引时作为电动机运行,在机车电阻制动时作为发电机运行。

**【答案】**(1)发电机;(2)对;(3)B。

## 50.【题目】

改变三相异步电动机转向的方法是改变通过电流的方向。(　　)

**【解析】** 考查的是三相异步电动机换向的问题。

改变三相异步电动机转向的方法是改变旋转磁场的方向。旋转磁场的方向决定于定子绕组中通入三相交流电时的相序，如定子接在相序为 A、B、C 的三相交流电压上，假设它的旋转磁场转向为顺时针，这时只要把任意两线如 B、C 加以调换，定子电流相序就改变为 A、C、B，旋转磁场将变成逆时针方向，电动机旋转方向也因而得以改变。

**【答案】** 错。

## 51.【题目】

简述三相感应电动机的工作原理。

**【解析】** 考查的是三相感应电动机的工作原理。

当三相交流电通入三相感应电动机定子绕组后，则在电机气隙中产生旋转磁场。这个旋转着的磁场切割转子导体产生感应电动势和电流，而感应电流和旋转磁场相互作用产生了电磁转矩，使转子跟着旋转磁场的转向而转动。

**【答案】** 答案见解析。

# 第十章　牵引电传动控制系统

## 第一节　主 电 路

### 一、主电路

**1.【题目】**

直流电力机车二位置转换开关用来转换接通(　　)。

A. 主电路　　　　B. 辅助电路　　　　C. 控制电路

**【解析】** 考查的是电力机车两位置转换开关的动作原理。

当转动换向手柄时,两位置转换开关的动主触头与静主触头作相应闭合,主电路完成了“向前”“向后”“牵引”“制动”的相互转换。

**【答案】** A。

**2.【题目】**

直流电力机车主电路按电压可分为网侧(25 kV 侧)高压电路、(　　)电路和牵引制动电路三类。

**【解析】** 考查的是电力机车主电路的组成。

$SS_4$ 改型电力机车主电路按照电压等级可分为网侧高压电路、整流调压电路、牵引制动电路三类。

**【答案】** 整流调压。

**3.【题目】**

(1)直流电力机车的接地继电器用于主电路(　　)保护。

(2)直流电力机车的接地继电器用于控制电路接地保护。(　　)

(3)主电路接地保护装置为有源保护系统,即使(　　)时,仍能保证接地继电器动作。

A. 高电位接地　　B. 低电位接地　　C. “0”电位接地

**【解析】** 考查的是接地继电器的作用。

接地继电器主要用于主电路和辅助电路的接地保护，因为主、辅电路接地保护属于有源保护，所以当电路中发生“0”电位接地时，仍能保证继电器可靠动作。

**【答案】** (1)接地；(2)错；(3)C。

## 4.【题目】

当接触网的电压低于(　　)kV时，欠压中间继电器得电动作，主断路器断开，“欠压”灯亮。

**【解析】** 考查的是欠压继电器的动作原理。

当接触网失压或欠压(17.5 kV)时，欠压中间继电器563KA动作，主断路器断开，同时“零压”灯亮。

**【答案】** 17.5。

## 5.【题目】

(1)整流元件击穿形成短路时，将引起(　　)保护作用，使主断路器分断。

A. 网侧短路　　B. 整流器侧短路　　C. 牵引电机过流

(2)直流电力机车整流柜调压整流元件击穿后，会引起变压器(　　)短路保护动作，主断路器跳闸。

**【解析】** 考查的是主电路的保护原理。

网侧短路保护通过101KC过流继电器进行保护，牵引电机的过流通过中继557KA进行保护，整流柜的短路保护是通过整流元件的击穿，引起主变压器的次边桥短路进行保护。

**【答案】** (1)B；(2)次边桥。

## 6.【题目】

(1)在主断路器的隔离开关一端，接有避雷器，用以抑制(　　)过电压及雷击过电压。

(2)直流电力机车在主断路器和高压电流互感器之间,装有大气过电压保护放电间隙,无论主断路器合闸或分闸状态,都能起到大气雷击过电压的保护作用。( )

**【解析】**考查的是主电路的保护以及过电压的类型。

机车运行中有可能遭受来自外部的雷击,高达几十千伏以上的雷击电压将通过接触网侵入机车车顶,这个雷击电压称为大气过电压;另一种来自机车内部电器设备的操作(如主断路器开闭、各种电器开关的分合、硅整流装置的元件整流换相等工作)时引起的电压冲击称为操作过电压。在主断路器和高压电流互感器之间,装有大气过电压保护放电间隙,无论主断路器合闸或分闸状态,都能起到大气雷击过电压的保护作用。

**【答案】**(1)操作;(2)对。

**7.【题目】**

主电路测量系统与高压电路在电气上是隔离的,从而保证了司机安全。( )

**【解析】**考查的是高压电器与低压电器之间的隔离。

通过低压电器间接控制高压电器,保证了司机操作的安全性。

**【答案】**对。

**8.【题目】**

(1)机车主电路由网侧电路、整流调压电路、( )电路、制动电路、测量电路、保护电路共六部分组成。

(2)电力机车主电路按功能及电压等级可划分为:网侧(25 kV)电路、( )、牵引电路、电阻制动电路和测量电路几部分。

A. 整流调压电路　　B. 接地保护电路　　C. 过载保护电路

(3)电力机车主电路按功能及电压等级可划分为:网侧(25 kV)电路、过载保护电路、牵引电路、电阻制动电路和测量电路等部分。( )

**【解析】**考查的是主电路的组成。

主电路分别由网侧高压电路、整流调压电路、牵引电路、制动电路、PFC 电路、保护电路组成。

**【答案】**(1)牵引;(2)A;(3)错。

## 9.【题目】

直流电力机车的主电路、辅助电路和控制电路三部分电路通过电—磁、电—空、(　　)相互连接起来,对机车进行控制。

**【解析】** 考查的是 $SS_4$ 改型电力机车电路分类。

三个电路在电力方面基本相互隔离,而通过电—磁、电—空、电—机械传动方式相互联系起来,以达到自动或间接控制协调工作的目的,保证司机能安全正常的操作机车运行。

**【答案】** 电—机械。

## 10.【题目】

直流电力机车采用的电流制为(　　)。

A. 单相工频制　　B. 三相工频制　　C. 三相四线制

**【解析】** 考查的是 $SS_4$ 改型电力机车的用电方式。

电力机车采用的是单相工频(50 Hz)的交流电。

**【答案】** A。

## 11.【题目】

(1)牵引电动机支路出现短路、电机环火、过载等故障时,过流保护是通过各电流传感器 111SC、121SC、131SC 和 141SC→(　　)→主断路器分闸来实现的。

(2)牵引电动机支路出现短路,电机环火,过载等故障时,过流保护是通过各电流传感器 111SC,121SC 和 141SC→电子柜→主断路器分闸来实现的。(　　)

**【解析】** 考查的是牵引电机过流保护路径。

当牵引电机支路发生过流等故障时,通过各电机支路的电流传感器

111SC-141SC 将信号送给 AE,由电子柜判断电机是否过流及哪一台电机过流,电子柜送出 110 V 电压信号,使主断路器分闸进行保护。

**【答案】**(1)AE(电子柜);(2)对。

**12.【题目】**

主电路与电子柜接口导线线号采用四位数数字,千位数字为“(  )”。

A. 1  B. 2  C. 3

**【解析】**考查的是电力机车主电路线号编制。

主电路导线的线号编制,除与电子柜接口导线全部采用四位数字(千位数字为 1)外,其余线号为 1～199 号线。

**【答案】**A。

**13.【题目】**

若整流电路全部由晶闸管组成,则构成(  )整流电路。

A. 不控  B. 半控  C. 全控

**【解析】**考查的是整流电路的结构。

当整流电路由一半晶闸管、一半二极管构成的称为半控整流;若整流电路全部由晶闸管构成,称为全控整流电路;若整流电路全部由二极管构成,称为不控整流电路。

**【答案】**C。

**14.【题目】**

(1)$SS_4$ 改型电力机车主电路采用(  )整流调压方式。

A. 两段桥  B. 不等分三段半控桥  C. 四段半控桥

(2)$SS_4$ 改型电力机车主电路采用(  )方式传动。

A. 交—直—交  B. 交—直  C. 直—交—直

**【解析】**考查的是电力机车调压方式。

$SS_4$ 改型电力机车主电路采用不等分三段半控桥整流调压方式,采用传统的“交—直传动”系统,采用转向架独立供电方式。

**【答案】**(1)B;(2)B。

**15.【题目】**

(1)$SS_4$ 改型电力机车磁场削弱只有当调速手轮转到(　　)以上才起作用。

A. 四级　　B. 六级　　C. 八级

(2)$SS_4$ 改型电力机车磁场削弱,只有当调速手轮转到五级以上时才起作用。(　　)

**【解析】**考查的是 $SS_4$ 改型电力机车磁场削弱。

共有三级磁场削弱,只有当调速手轮转到六级以上时才起作用,这是根据机车牵引特性和磁场削弱的基本原理而设置的一个环节。

**【答案】**(1)B;(2)错。

**16.【题目】**

主变压器网侧出现短路时,电流互感器 7TA 及原边过流继电器 101KC 使主断路器 4QF 动作。(　　)

**【解析】**考查的是主电路的短路保护。

当机车运行中出现短路,例如变压器次边绕组短路、晶闸管击穿、牵引电机环火等,都要采用过流保护,网侧出现短路时,通过网侧电流互感器 7TA 及原边过流继电器 101KC,使主断路器 4QF 动作,整定值是 320 A。

**【答案】**对。

**17.【题目】**

主电路的导电体通过空气对地闪络放电或通过绝缘物表面对地闪络放电,都会造成(　　)故障。

**【解析】**考查的是主电路接地概念。

主电路的导电体通过空气对地闪络放电或通过绝缘物表面对地闪络放电,都会造成接地故障。

**【答案】**接地。

**18.【题目】**

车顶电路发生短路与接地时，通过网侧电流互感器 7TA 及原边流继电器 101KC，使主断路器跳闸。（　　）

**【解析】** 考查的是主电路的保护。

当车顶电路发生断路或接地故障时，机车自身不能进行保护，只有通过牵引变电所跳闸进行保护。

**【答案】** 错。

**19.【题目】**

电力机车的主电路主要由高电压、大功率电器部件及附属测量、保护部件组成，完成电能与机械能之间的相互转换，产生（　　）和制动力。

**【解析】** 考查的是主电路的概念。

主电路是将产生牵引力和制动力的各种电气设备连成一个电系统，以实现功率传输的主体电路，称为主电路。

**【答案】** 牵引力。

**20.【题目】**

直流电力机车主电路各直流分量和速度信号采用（　　）检测，交流电量采用互感器检测，实现高压电路与低压控制系统的电隔离。

**【解析】** 考查的是主电路的特点。

主电路的直流电流、电压采用传感器进行测量，交流电量采用互感器检测，实现高压电路与低压控制系统的电隔离。

**【答案】** 传感器。

**21.【题目】**

$SS_4$ 改型电力机车采用转向架独立供电的优点之一是能充分提高（　　）利用。

**【解析】** 考查的是 $SS_4$ 改型电力机车的供电方式。

$SS_4$ 改型电力机车采用转向架独立供电，即全车四个二轴转向架，具有相应的四台独立的相控式整流器。优点之一是能充分提高黏着利用，即可对一节车前后两个转向架进行电气轴重补偿；二是一台主整流器故障时，可切除一台转向架，保留 3/4 的牵引能力。

**【答案】** 黏着。

**22.【题目】**

主变压器次边电流整定值为 320×(1+5%) A。(　　)

**【解析】** 考查的是主变压器次边动作值。

主变压器的次边电流整定值为 3 000×(1±5%) A。

**【答案】** 错。

**23.【题目】**

牵引工况下，每"转向架供电单元"设一套接地保护系统，除网侧电路外，主电路任一点接地时，接地继电器动作，通过其联锁，使主断路器 4QF 动作，实现保护。(　　)

**【解析】** 考查的是主电路的接地保护。

当主电路任一点(除网侧电路外)接地时，接地继电器动作，通过其联锁，使主断路器 4QF 动作，实现保护。

**【答案】** 对。

**24.【题目】**

$SS_4$ 改型电力机车主电路的能量传递顺序是从接触网 25 kV 工频交流供电，经由主变压器和(　　)转换为可调节的直流电压，使直流牵引电动机实现拖动任务。

**【解析】** 考查的是电力机车电能传递过程。

$SS_4$ 改型电力机车主电路的能量传递顺序是从接触网 25 kV 工频交流供电，经由主变压器和整流调压装置转换为可调节的直流电压，使直流牵引电动机实现拖动任务，最终返回到牵引变电所。

**【答案】** 整流调压装置。

**25.【题目】**

在一个周期内只通过半个周期交流电,这样的整流方式为(　　)。

A. 半波整流　　B. 全波整流　　C. 桥式整流

**【解析】** 考查的是整流方式。

在一个周期内只通过半个周期交流电,这样的整流方式为半波整流。

**【答案】** A。

**26.【题目】**

直流电力机车主电路的线路接触器有何作用?

**【解析】** 考查的是牵引电路里 4 个线路接触器 12KM—42KM 的作用。

电力机车主电路线路接触器的作用有三:一是防止位置转换开关有电转换,因而在位置转换开关动作之前,线路接触器必须先开断电路;二是当电动机支路过流或有其他故障时,可断开该支路;三是防止并联电动机的环流。

**【答案】** 答案见解析。

**27.【题目】**

机车主电路中库用电路是如何控制的?

**【解析】** 考查的是主电路库用开关 20QP、50QP 的控制原理。

机车在库内需动车时,由库用电源供电。库用开关为双刀双投开关,有两个位置,在"运行"位时,其主刀与牵引电路隔离,相应辅助接点接通保护阀,方可升弓;在"库用"位时,相应辅助触点断开,不能升弓,其主刀将库用插座的库用电源(接好库用电源)与母线连接,若电机的隔离开关在"运行"位,向电机供电,可达到动车和试验电机的目的。若要使其他电机也得电,只要线路接触器都闭合,隔离开关在"运行"位,即可实现向其他电机供电。

**【答案】** 答案见解析。

**28.【题目】**

$SS_4$ 改型机车电路是如何分类的?

**【解析】** 考查的是电力机车电路的分类方法。

电力机车上各种电机、电器设备按其功能、作用和电路电压等级，分别组成三个基本独立的电路系统，称为主电路、辅助电路、控制电路。三个电路在电方面基本相互隔离，而通过电—磁、电—空、电—机械传动方式相互联系起来，以达到自动或间接控制协调工作的目的。

**【答案】**答案见解析。

## 二、牵引调压电路

**29.【题目】**

(1)牵引电机主极绕组上并联的(　　)，其作用是将电枢电流中的交流分量分流。

(2)牵引电动机主极绕组电路中并联固定分路电阻的作用是降低流过牵引电机主极绕组中电流的(　　)，改善整流换向性能。

(3)牵引电动机主极绕组电路中并联固定分路电阻的作用是降低流过牵引电机主极绕组的电流交流分量，改善(　　)性能。

(4)电力机车在牵引电动机电枢绕组上并联了固定分路电阻，其作用是将电枢电流中交流分量分流，使电枢绕组中交变磁通减少，改善电动机换向和主极温升。(　　)

**【解析】**考查的是牵引电机电路。

在牵引电机主极绕组上并联了固定分路电阻，其作用是将降低电流中的交流分量，使电机机座及主机中的交流磁通减小，改善整流换向性能，从而减小涡流损耗，改善电动机的换向和主极温升。

**【答案】**(1)固定分路电阻；(2)交流分量；(3)整流换向；(4)对。

**30.【题目】**

(1)为了改善牵引电动机的换向，就要减少整流电流的脉动，故在牵引电动机回路中(　　)另外的电抗装置，这就是平波电抗器。

A. 串联　　B. 并联　　C. 串并联

(2)为抑制牵引回路电流中的交流成分，减小牵引电动机的电流脉动量，电路中设有(　　)。

A. 电流信号传感器　　B. 平波电抗器　　C. 电压信号传感器

(3)平波电抗器的作用主要是为了减少整流电流的脉动。(　　)

**【解析】** 考查的是牵引电机支路。

为了改善牵引电动机的换向,就要减少整流电流的脉动,减小牵引电动机的电流脉动量,故在牵引电动机回路中串联另外的电抗装置,这就是平波电抗器。

**【答案】** (1)A;(2)B;(3)对。

## 31.【题目】

直流电力机车实施磁场削弱,可降低机车的运行效率。(　　)

**【解析】** 考查的是机车在进入恒功区以后,随着机车速度的增高,电机电压均匀升高,电机电流均匀下降,此时主要是维持电机电压和电流的乘积为一个常数,当达到某个特定点以后,将进入第二恒功区,此时保持电机电压和电流不变,通过进行磁场削弱控制来进一步提高机车的运行速度,最终达到机车恒功区的最高点。

**【答案】** 错。

## 32.【题目】

(1)电动机的电枢绕组电流方向不变,改变励磁绕组电流方向,可使电动机反转。(　　)

(2)直流电力机车采用改变(　　)电流方向来改变牵引电动机旋转方向,从而达到机车换向目的。

(3)电动机励磁绕组电流方向不变,改变(　　)的电流方向,亦可使电动机反转。

A. 补偿绕组　　B. 电枢绕组　　C. 换向绕组

**【解析】** 考查的是牵引电机的换向。

通过改变牵引电机励磁绕组中的电流方向,从而改变电机的转向,最终改变机车的运行方向。若电动机励磁绕组电流方向不变,改变电枢绕组的电流方向,亦可使电动机反转。

**【答案】**(1)对;(2)励磁绕组;(3)B。

**33.【题目】**

(1)把某台牵引电机的故障隔离开关置“故障”位后,同时又开断了相应的线路接触器。(　　)

(2)牵引电机故障隔离开关作用之一是其隔离开关隔离故障的牵引电机时,并同时短接其主极绕组不再构成(　　)。

**【解析】**考查的是牵引电机故障开关的作用。

当某台牵引电机故障时,可通过其相应的隔离开关去进行隔离,并同时短接其主极绕组不再构成工作磁场,在控制电路中,隔离开关的联锁切断相应的线路接触器的线圈电路,同时又实现线路接触器的开断状态。

**【答案】**(1)对;(2)工作磁场。

**34.【题目】**

在库内需要动车时,需将主电路库用开关 20QP 或 50QP 置“库用”位,利用库内电源动车。(　　)

**【解析】**考查的是库用开关的作用。

置“库用”位时,20QP 或 50QP 的主刀将库用插座 30XS 或 40XS 的库用电源分别与 2M 或 3M 电机的电枢正极线 22 或 32 及总负极 72 或 82 连接,即可库内动车。

**【答案】**对。

**35.【题目】**

(1)$SS_4$ 改型电力机车Ⅲ级磁场削弱时,15R 和 16R 同时投入,磁场削弱系数为 0.3。(　　)

(2)$SS_4$ 改型电力机车固定磁场削弱系数 β 为(　　)。

A. 0.90　　　　B. 0.96　　　　C. 0.98

**【解析】**考查的是磁场削弱的系数。

固定磁场削弱系数是 0.96;一级磁削系数是 0.7,二级磁削系数是 0.54,三级磁削系数是0.45。

**【答案】**(1)错;(2)B。

**36.【题目】**

机车牵引供电电路采用转向架独立供电方式,每个转向架的两台电机串联。( )

**【解析】**考查的是电机的连接方式。

机车牵引供电电路采用转向架独立供电方式,每个转向架的两台电机并联,由其主整流器供电,供电电路完全相同且独立。

**【答案】**错。

**37.【题目】**

机车的牵引制动工况转换是通过改变牵引电动机( )接线方式来实现的。

A. 电枢绕组　　B. 绕组　　C. 励磁绕组

**【解析】**考查的是牵引制动工况转换过程。

机车的牵引制动工况转换是通过改变牵引电动机励磁绕组接线方式来实现的。

**【答案】**C。

**38.【题目】**

$SS_4$改型电力机车Ⅱ级磁场削弱时,磁削接触器全部吸合,磁场削弱电阻全部并入。( )

**【解析】**考查的是磁削接触器和磁削电阻的作用。

机车Ⅰ级磁场削弱时,闭合接触器17KM、47KM,磁削电阻15R-45R接入电路;机车Ⅱ级磁场削弱时,断开接触器17KM、47KM,断开磁削电阻15R-45R电路,同时闭合接触器18KM、48KM,磁削电阻16R-46R接入电路;机车Ⅲ级磁场削弱时,接触器17KM、47KM、18KM、48KM同时闭合,磁削电阻15R-45R、16R-46R同时投入电路。

**【答案】** 错。

**39.【题目】**

电力机车主电路牵引电机支路中串入平波电抗器的作用是什么？

**【解析】** 考查的是牵引电机支路中串入平波电抗器的作用。

**【答案】** 直流电力机车牵引电动机的换向性能将直接影响机车的正常运行。为了改善电动机的换向，就要减少整流电路电流的脉动，而电流脉动的大小同电路电感直接相关。牵引电动机本身的电感较小，虽在主极两端并联分路电阻，不足以将电流的脉动幅度限制到所需的范围，因此，为减小电流脉动，在牵引电动机电路上串接平波电抗器，以加大电路的电感。

## 三、电阻制动电路

**40.【题目】**

使用电阻制动时，如机车制动缸压力达到(　　)及以上时，励磁接触器失电，切除电阻制动。

A. 50 kPa　　B. 100 kPa　　C. 150 kPa

**【解析】** 考查的是压力继电器516KF的动作值。

当制动缸压力达到150 kPa时，516KF断开，励磁接触器91KM、92KM失电，切除电阻制动。

**【答案】** C。

**41.【题目】**

主变压器的励磁绕组在机车(　　)工况下，才投入工作。

A. 牵引　　B. 电制动　　C. 惰行

**【解析】** 考查的是主变压器各绕组的作用。

牵引绕组a2x2、a1x1在机车牵引工况下投入工作，励磁绕组a5x5在机车电制动工况下投入使用。

**【答案】** B。

**42.【题目】**

励磁绕组在机车电阻制动时,向牵引电机的励磁绕组供电,额定电压 110 V。(　　)

**【解析】** 考查的是励磁绕组的供电电压。

当励磁绕组在机车电阻制动时,向牵引电机的主极绕组供电,额定电压为 110 V。

**【答案】** 对。

**43.【题目】**

电阻制动工况时,励磁绕组过流保护是通过直流传感器 199SC→电子柜→励磁过流中间继电器 559KA 常闭接点打开→(　　)断开,切断励磁电路。

**【解析】** 考查的是电制动工况下,励磁过流保护原理,励磁过流信号直接送入电子柜,由电子柜判断,若励磁过流,则送出＋110 V 的电压信号,直接作用于励磁过流中间继电器 559KA,559KA 得电吸合并自锁,其常闭联锁断开 91KM 的供电回路,使励磁无流。

**【答案】** 励磁接触器 91KM。

**44.【题目】**

试述电阻制动工况时,预备中间继电器 556KA 的得电控制电路路径。

**【解析】** 考查的是电阻制动工况时预备中间继电器 556KA 的得电控制电路路径。

在电阻制动工况时:

405→209KM 常开接点→210KM 常开接点→91KM(励磁接触器)常开接点→429→530KT 常开联锁→4QF 常开接点→556KA→400。

209KM、210KM 制动风机接触器,当某台制动风机故障,可用制动风机隔离开关 581QS、或 582QS 短接其相应的常开联锁。

91KM 受线路接触器的控制,而线路接触器又受“0”位延时继电器 532KT 的控制,所以制动时,要使 556KA 动作,司机控制器的调速手轮必须离开“0”位。

**【答案】** 答案见解析。

**45.【题目】**

什么是电力机车的加馈电阻制动？有什么优点？

**【解析】** 考查的是加馈电阻制动的概念和优点。

加馈电阻制动又称为“补足”电阻制动，是为提高机车在低速运行时的轮周制动力，从电网中吸收电能，补足到电机电枢电流中去，以获得理想的轮周制动力。其优点一是加宽了调速范围，最大制动力可以延伸至零。

**【答案】** 答案见解析。

## 第二节　辅助电路

**46.【题目】**

(1)辅机的过流保护是通过自动开关的(　　)方式执行的。

A. 电磁脱扣　　B. 热脱扣　　C. 空气脱扣

(2)$SS_4$ 改型电力机车辅机过载采用(　　)过载保护装置。

A. RC 吸收电器　　B. 继电器　　C. 自动开关

(3)电力机车辅机系统采用的三相自动开关(断路器)对电路中辅机进行过载和(　　)保护，自动切断故障电路。

**【解析】** 考查的是 $SS_4$ 改型电力机车辅机过载采用自动开关过载保护装置。

当出现辅机短路、过载等任一情况引起过流时，由自动开关的热脱扣跳开，切断相应过流的辅机主回路。

**【答案】** (1)B；(2)C；(3)短路。

**47.【题目】**

(1)机车辅助保护电路有辅助接地保护、零压保护、辅机过载保护、辅机过压保护和(　　)保护等五个方面。

(2)辅助电路的保护有过电压吸收、过流、(　　)、零电压及单机过载保护。

**【解析】** 考查的是辅助电路的保护。

辅助电路的保护有过电压、过电流、辅电路接地保护、零电压以及单相过载保护。

**【答案】**(1)辅助过流;(2)辅电路接地保护

**48.【题目】**

直流电力机车上采用交直流电磁继电器作为主电路原边过流保护和(　　)过流保护。

A. 主电路　　B. 辅助电路　　C. 控制电路

**【解析】**考查的是交直流电磁继电器的作用。

直流电力机车上采用交直流电磁继电器作为主电路原边过流保护和辅助电路过流保护。

**【答案】**辅助电路。

**49.【题目】**

(1)保护阀不吸合时,受电弓(　　)不能升起。

A. 前弓　　B. 前、后弓　　C. 后弓

(2)287YV失电时门联锁锁闭,保证了乘务人员不能开门误入高压室,到达确保安全的目的。(　　)

(3)保护阀287YV和门联锁阀的作用之一时保证在受电弓升起时,(　　)打不开。

**【解析】**考查的是门联锁保护阀287YV的作用。

当闭合电钥匙,通过531号线向门联锁保护阀287YV供电,得电后门联锁锁闭,高压室门打不开,同时开通升弓气路,为受电弓的升起做准备,保证了乘务人员不能开门误入高压室。

**【答案】**(1)B;(2)错;(3)高压室门。

**50.【题目】**

辅助机组由主变压器的(　　)供电。

A. 励磁绕组　　B. 牵引绕组　　C. 辅助绕组

**【解析】** 考查的是辅助电路的供电方式。

辅助电路的电源来自主变压器的辅助绕组 a6b6x6，其中 a6x6 提供 380 V 的交流电，b6x6 提供 220 V 的交流电，为辅助机组提供电源。

**【答案】** C。

**51.【题目】**

直流电力机车上的辅助设备除辅助压缩机用直流电动机拖动外，其余都采用三相异步感应电动机拖动。（　　）

**【解析】** 考查的是辅助机组的工作原理。

辅助机组有主压缩机、牵引通风机、制动通风机、变压器风机等机组均使用三相异步电动机，以上设备由主变压器的辅助绕组提供交流电进行供电，只有辅助压缩机使用直流电动机拖动，由蓄电池供电。

**【答案】** 对。

**52.【题目】**

(1)劈相机与单相电源相连的那两相绕组称之为“电动相”，而把向三相异步电动机供电的另一相绕组称之为“(　　)”。

(2)劈相机向三相异步电动机供电的一相绕组称之为“电动相”。（　　）

**【解析】** 考查的是劈相机的启动过程。

劈相机是一种特殊的异步电机，同时具有单相电动机与三相发电机的两种功能，因此它可以看成是一个单相异步电动机与三相发电机的组合体。习惯上把劈相机与单相电源相连的那两相绕组称为“电动相”，而把向三相异步电动机供电的另一相绕组称之为“发电相”。

**【答案】** (1)发电相；(2)错。

**53.【题目】**

辅助电路电流继电器 282KC 的动作电流整定值为 396×(1±5%) A。（　　）

**【解析】** 考查的是辅助电路的过流保护。

辅助电路过流保护通过过流继电器 282KC 进行保护，动作值为 2 800 A。

【答案】错。

**54.【题目】**

(1)零压保护装置作为机车门联锁的交流保护装置,在牵引变压器带电的情况下,确保(　　)门打不开,防止人身触电事故。

(2)当机车失压持续时间约 2 s,零压保护装置动作。(　　)

(3)零压保护的作用是当机车失压持续时间约 2 s,保护装置动作,断开(　　),保护机车电气设备不受损害。

(4)在关断了受电弓的按钮和直流控制电源后,如果受电弓因故障未能降下,则门联锁保护阀仍由(　　)供电,门联锁阀保持插门状态,高压室关闭,从而保证了人身安全。

A. 蓄电池　　B. 零压保护装置　　C. 电源柜

【解析】考查的是零压保护装置的作用。

零压保护保护的作用有两点:当机车失压持续时间约 2 s,保护装置动作,断开主断路器,保护机车电气设备不受损害;作为机车门联锁的交流保护,在牵引变压器带电的情况下,确保各高压室门打不开,防止人身触电事故。若受电弓因故障未能降下,门联锁保护阀由零压保护装置供电。

【答案】(1)高压室;(2)对;(3)主断路器;(4)B。

**55.【题目】**

$SS_4$ 改型电力机车若两组劈相机启动电阻均不能使用时,可用牵引通风机 1 电机代替劈相机,必须将 242QS 打到“1”位,296QS 打到“电容”位。(　　)

【解析】考查的是劈相机的故障处理。

劈相机故障后,用牵引通风机 1 电机代替劈相机,296QS 打到“电容”位,将 242QS 打到“2”位。

【答案】错。

**56.【题目】**

(1)$SS_4$ 改型电力机车在电网下工作时,库用转换开关 235QS 置“运行”位,主变压器辅助绕组通过 235QS 给辅助电路提供 220 V 单相电源。(　　)

(2)机车在库内可以通过辅助电路库用插座和库用开关置“库用”位，引入380 V单相或三相电源。(　　)

**【解析】** 考查的是库用开关的作用。

当电力机车在电网下工作时，库用转换开关235QS置“运行”位，主变压器辅助绕组通过235QS给辅助电路提供380 V单相交流电源。库用转换开关235QS置“库用”位时，利用库内电源通过235QS给辅助电路提供380 V单相交流电源或者380 V三相交流电。

**【答案】** (1)错；(2)对。

**57.【题目】**

压缩机高压安全阀的调整压力为(　　) kPa。

**【解析】** 考查的是高压安全阀的压力调整范围。

调整压力为(950±20) kPa。

**【答案】** 950±20。

**58.【题目】**

辅助电路由单-三相供电系统、(　　)电路、单相负载电路和保护电路四部分组成。

**【解析】** 考查的是辅助电路的组成。

辅助电路由单-三相供电系统、三相负载电路、单相负载电路和保护电路四部分组成。

**【答案】** 三相负载。

**59.【题目】**

辅助电路采用接地继电器285KE作接地保护。(　　)

**【解析】** 考查的是辅助电路的接地保护。

辅助电路的接地保护采用285KE进行保护，在变压器辅助绕组x6与地之间设有辅助电路的接地保护电路。

**【答案】** 对。

**60.【题目】**

$SS_4$ 改型电力机车劈相机的作用是将机车主变压器提供的(　　)转变为其他辅助机组需要的三相交流电。

**【解析】** 考查的是劈相机的作用。

机车上的主要辅助机械均采用三相异步电动机拖动,故单相交流电要通过异步劈相机 1MG 变成三相电源供电。

**【答案】** 单相交流电。

**61.【题目】**

辅助电路用电电压是(　　)。

A. 1 000 V　　B. 220 V/380 V　　C. 110 V

**【解析】** 考查的是辅助电路电源电压。

辅助电源来自主变压器的辅助绕组,提供单相交流电 220 V 或 380 V。

**【答案】** B。

**62.【题目】**

压力控制器 516KF 根据总风缸压力变化,自动闭合或断开主空气压缩机电动机电源,从而控制主空气压缩机的运转或停止,使总风缸压力控制在 750～900 kPa。(　　)

**【解析】** 考查的是压缩机的压力继电器。

压力控制器 517KF 根据总风缸压力变化,自动闭合或断开主空气压缩机电动机电源,从而控制主空气压缩机的运转或停止,使总风缸压力控制在 750～900 kPa。

**【答案】** 错。

**63.【题目】**

辅助电路过流时,电流继电器 282KC 吸合动作,使机车主断路器分闸,同时显示(　　)信号。

**【解析】** 考查的是辅助电路的保护过程。

当辅助回路电流超过 2 800 A 时,过流继电器 282KC 吸合动作,引起主断路器跳闸,同时辅助回路过流信号灯亮。

**【答案】** 辅过流。

**64.【题目】**

劈相机自动启动功能主要用于机车过接触网分相绝缘器时,无须断开劈相机按键开关,以减少司机的操纵步骤。(　　)

**【解析】** 考查的是劈相机的自动控制过程。

劈相机的自动启动是指司机操作主断路器合闸后,劈相机自动启动。这一功能主要用于机车过“分相绝缘”时,无须断开劈相机及其辅机按键开关,以减少司机的操作步骤。

**【答案】** 对。

**65.【题目】**

保护阀 287YV 是:一个闭式电空阀。其线圈由(　　)。

A. 直流电源供电

B. 交流电源供电

C. 交、直流电源同时供电

**【解析】** 考查的是 287YV 的供电路径。

保护阀 287YV 是一个闭式电空阀,其线圈由交、直流同时供电。

**【答案】** C。

**66.【题目】**

试述直流电力机车辅助电路的过电压、过电流保护是如何实现的?

**【解析】** 考查的是直流电力机车辅助电路的过电压、过电流的保护过程。

过电压保护:跨接在辅助绕组上的压敏电阻和电阻、电容的 R-C 电路,组成辅助电路的过电压吸收电路,实现过电压保护。

过电流保护:辅助电路过流继电器串接在辅助电路中,作为辅助电路总的过流保护,当辅助电路过流或短路其电流超过 2 800 A 时,辅助电路过流继电器动作,其常开点闭合,接通主断路器分闸线圈电路,主断路器断开。辅助电路过流继电器另一常开点闭合,使辅助电路过流中间继电器得电并自锁,常开点闭合,接通信号灯“辅助回路过流”电路,显示辅助回路过流信号。

**【答案】** 答案见解析。

**67.【题目】**

试述 $SS_9$ 型电力机车制动风机的控制。

**【解析】** 考查的是 $SS_9$ 型电力机车制动风机的控制过程。

当按下“制动风机”扳键开关 407SA1(407SA2)后,导线 560 经 407SA1(407SA2)使导线 552 得电,输入信号给逻辑控制单元,逻辑控制单元即输出信号 588,通过制动风机 1、3 隔离开关 581QS 使制动风机 1、3 接触器 209KM 得电,制动风机 9MA、11MA 开始启动;逻辑控制单元经 3 s 延时后,再输出信号 595,通过制动风机 2、4 隔离开关 582QS 使制动风机 2、4 接触器 210KM 得电,制动风机 10MA、12MA 开始启动直至正常工作。

**【答案】** 答案见解析。

**68.【题目】**

直流电力机车零压保护采用延时 1 s 的作用是什么?

**【解析】** 考查的是辅电路的零压保护原理。

因为机车在运用当中会因振动或其他原因使受电弓短暂脱网,这种原因是不宜造成零压保护动作的,否则机车不能正常运行。因此机车采用了延时 1 s 的做法,避免由于受电弓短暂脱网而引起零压保护误动作。

**【答案】** 答案见解析。

**69.【题目】**

试述直流电力机车辅助电路接地保护的作用原理?

**【解析】** 考查的是电力机车辅助电路的保护原理。

主变压器辅助绕组引出线与控制电路地线之间设有辅助电路接地保护电路。该系统由辅接地继电器、整流元件、限流电阻及辅接地故障开关组成。辅接地保护属有源保护，支路经 110 V 控制电源后接地。当辅助电路某点接地时，辅接地保护系统形成回路，辅接地继电器动作吸合，其常开点闭合使主断路器分闸线圈得电跳闸，并接通“辅接地”信号电路，“辅接地”信号显示。同时，其常闭点断开，回路中串入电阻，以免出现大电流而烧损接地继电器；另一常开点闭合构成“自锁”电路，保持信号记忆。故障解除后，借助主断路器的合闸操作，使辅接地继电器恢复。若确定辅助电路只有一点接地且不能排除时，可用辅接地保护故障隔离开关切断保护电路。此时机车作故障运行。要求司机严密监视各辅机工作状态，确保安全。

**【答案】** 答案见解析。

**70.【题目】**

$SS_4$ 改型电力机车如何进行辅机过载保护?

**【解析】** 考查的是辅助电路里辅助机组的过载保护原理。

$SS_4$ 改型电力机车辅机过载采用自动开关过载保护装置，当出现辅机单相、短路、堵转等任一情况引起过流时，由自动开关跳开，切断相应过流的辅机主回路。$SS_4$ 改型电力机车也有一部分机车采用电子过流保护装置，当出现辅机单相、短路、堵转等任一情况引起过流时，由该装置的电流互感器检测电流信号，经保护电子控制插板的电路作用延时 0.5～3 s 后，装置内相应的中间继电器吸合动作，由继电器联锁切断相应过流的辅机接触器线圈，使接触器分断。若接触器一旦发生故障无法分断(触头焊接)，则辅机继续发生过流，再经过 3 s 的延时，保护装置接通主断路器分闸线圈，使主断路器跳闸作二次保护措施。

**【答案】** 答案见解析。

**71.【题目】**

$SS_4$ 改型电力机车保护阀和门联锁阀的作用是什么?

**【解析】** 考查的是电力机车保护阀的供电来源以及门联锁阀的作用。

保护阀是一个闭式电空阀，其线圈由交、直流同时供电，门联锁阀实际是高压室门的风力联锁插销。它们共同装设在受电弓上气通路中，起联锁保护作用,用以保证受电弓升起时,高压室门打不开,高压室门没关好时,受电弓升不起。

**【答案】** 答案见解析。

**72.【题目】**

试述韶山型电力机车制动风机控制过程。

**【解析】** 考查的是电力机车制动风机控制。

启动前,通过561线,经209KM常闭接点首先使延时继电器526KT得电吸合,为制动风机启动做好了准备。

(1)第一台制动风机5MA启动

577→407SK(按键)→566KA常开联锁→589→581QS(制动风机J隔离开关)→209KM(制动风机1电机接触器)→400。

(2)第二台制动风机6MA启动

209KM得电吸合,其常闭联锁断开了526KT电路,526KT延时3 s释放,其常闭联锁接通了210KM(制动风机2电机接触器)得电电路。

589→526KT常闭联锁→582QS(制动风机2的隔离开关)→210KM→400。

两节车重联,通过N590内重联线控制另一节车制动风机的工作。

两台车重联,通过W2590外重联线控制另一台车制动风机的工作。

**【答案】** 答案见解析。

# 第三节　控制电路

## 一、110 V电源电路

**73.【题目】**

直流电力机车"控制回路接地"灯亮,说明机车控制电路负端电路接地。(　　)

**【解析】** 考查的是控制电路接地保护原理。

当控制回路发生接地时,616QA跳开,控制回路接地中继554KA得电,造成控制电路正端接地。

**【答案】** 错。

## 74.【题目】

(1)当机车控制管路风压大于(　　) kPa 时，才能闭合主断路器分合闸控制电路。

(2)主断路器闭合须具备的条件之一是主断路器风缸压力大于(　　)。

A. 450 kPa　　B. 500 kPa　　C. 600 kPa

(3)(　　)常开联锁的作用是保证主断路器合闸时不带负载。

A. 568KA　　B. 539KT　　C. 567KA

**【解析】** 考查的是主断路器的闭合条件。

主断路器的闭合条件是无负载合闸即 568KA 常开联锁断开，主断路器本身处于“断开”位，劈相机按键处于“断开”位，主断路器风缸风压大于 450 kPa，主断路器故障隔离开关在“正常”位。

**【答案】** (1)450；(2)A；(3)A。

## 75.【题目】

主断路器的保护作用是通过接通主断路器的(　　)电路来实现的。

A. 分闸线圈　　B. 合闸线圈　　C. 保持线圈

**【解析】** 考查的是主断路器的保护原理。

当机车发生故障时快速切除交流高压电源，使故障范围尽量缩小，主断路器的保护作用是通过接通主断路器的分闸线圈来达到的。

**【答案】** A。

## 76.【题目】

直流电力机车(　　)电路作用是由司机主令控制器对机车进行控制，以实现对机车主电路、辅助电路各电气设备的控制，完成对机车的牵引、制动的操作和控制。

A. 主　　B. 辅助　　C. 控制

**【解析】** 考查的是控制电路的概念。

控制电路就其功能而言是主令电路,即司机通过主令电路发出指令来间接控制机车的主电路、辅助电路,以完成各种工况的操作。

**【答案】** C。

**77.【题目】**

直流电力机车由三个基本独立的电路系统组成,分别为主电路、辅助电路、(　　)(含电子电路)。

**【解析】** 考查的是机车电路的分类。

直流电力机车上各种电机、电器设备按其功能、作用和电路电压等级,分别组成三个基本独立的电路系统,称为主电路、辅助电路、控制电路(含电子电路)。

**【答案】** 控制电路。

**78.【题目】**

(1)直流电力机车 110 V 电源故障时,可用蓄电池作为维持机车故障运行的控制电源。(　　)

(2)直流电力机车上的控制电源由 110 V 电源柜及(　　)组成。

(3)直流电力机车 110 V 电源柜通常与蓄电池并联运行,蓄电池相当于一个电容,在电路上兼起(　　)作用。

(4)在直流电力机车上,蓄电池组作为直流控制电源的辅助电源也兼作可控硅稳压电源的滤波元件。(　　)

(5)控制电源柜由 110 V 电源柜和蓄电池组成,通常二者并联运行,为控制电路提供稳定的 110 V 电源。(　　)

**【解析】** 考查的是蓄电池的作用。

控制电源由 110 V 电源柜和蓄电池组成,通常二者并联运行,蓄电池相当于一个电容,在电路上兼起滤波作用。为控制电路提供稳定的 110 V 电源,在降弓时作低压试验、照明及电源柜故障的情况下,由蓄电池提供电源,维持运行。通常蓄电池处在一种浮充电状态。

**【答案】** (1)对;(2)蓄电池;(3)滤波;(4)对;(5)对。

**79.【题目】**

直流电力机车升弓后，闭合司机台上“主断合”扳键开关，可以听到主断路器闭合声，此时控制电路电压表指示值应为(　　)。

A. 77 V　　　　B. 88 V　　　　C. 110 V

**【解析】** 考查的是控制电路的电压值。

控制电源电路提供直流 110 V 的稳定电源，同时为配电电路提供电源。

**【答案】** C。

**80.【题目】**

电力机车在运行中通过分相绝缘器时，可以在牵引电动机带负荷的情况下断开主断路器。(　　)

**【解析】** 考查的是机车运行工况下，在运行中通过分相绝缘器时，不可以在牵引电动机带负荷的情况下断开主断路器。

**【答案】** 错。

**81.【题目】**

(1)压力继电器 515KF，用以监督非升弓节高压室门是否关好，如没关好则机车两弓均不能升起。(　　)

(2)压力继电器 515KF 的作用是监控非升弓节(　　)是否关好。

**【解析】** 考查的是压力继电器 515KF 的作用。

其作用是确保机车在重联的情况下，两节车的高压室门都关好后，才能开通升弓气路，保障人身安全。

**【答案】** (1)对；(2)高压室门。

**82.【题目】**

控制电路是指司机通过主令电器发出指令来间接控制机车主电路及辅助电路，以完成各种工况的操作。(　　)

**【解析】** 考查的是控制电路的基本概念。

控制电路就其功能而言是主令电路，即司机通过主令电路发出指令来间接控制机车的主电路、辅助电路,以完成各种工况的操作。

**【答案】** 对。

## 83.【题目】

调速控制电路的配电由自动开关(　　)经导线 465 提供。

A. 600 QA　　B 602 QA　　C 604 QA

**【解析】** 考查的是控制电路中调速控制的各配电电路的供电来源。

经 604QA 向导线 465 提供电源,如图 10-1 所示。

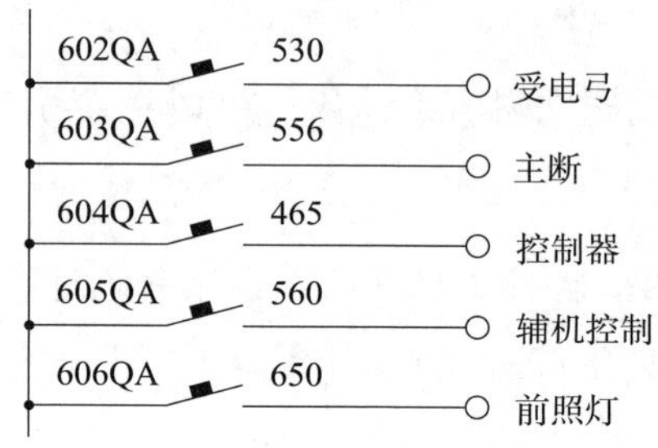


图 10-1　调速控制电路部分配电线路

**【答案】** C。

## 84.【题目】

562KA 是恢复中间继电器。(　　)

**【解析】** 考查的是恢复中继的代号。

恢复中继代号是 562KA。

**【答案】** 对。

## 85.【题目】

控制电源中,线号 400、500、700 这三种地线相互独立,互不联系。(　　)

**【解析】** 考查的是控制电路的线号编制。

线号 500 是逆变电压+24 V 和±15 V 的地线,线号 400 和 600 是控制电源+110 V 的地线,线号 700 是电子柜内本身电源的地线,所以 400、500、700 三种地线相互独立,互不联系。

**【答案】**对。

**86.【题目】**

低压电器柜主要用于安装机车辅助电路和(　　)的一些设备。

**【解析】**考查的是低压电器的布置。

低压电器柜主要用于安装机车辅助电路和控制电路的一些设备。

**【答案】**控制电路。

**87.【题目】**

机车受电弓在升弓前及晶闸管稳压电源发生故障时,机车控制电路都要由(　　)供电。

A. 直流电源　　　　B. 蓄电池　　　　C. 交流电源

**【解析】**考查的是蓄电池的作用。

蓄电池是化学能与电能相互转换的装置,它能把电能转变为化学能储存起来,使用时再把化学能转变为电能,而且变换的过程是可逆的。在电力机车上,蓄电池组作为直流控制电源的辅助电源兼做晶闸管稳压电源的滤波元件,在升弓前及晶闸管稳压电源发生故障时,机车控制电路都要由蓄电池供电。

**【答案】**B。

**88.【题目】**

辅助显示屏上,当风机启动时,相应的风机信号灯亮;当风机启动加速到一定速度时,灯灭,表示相应的风机启动正常。(　　)

**【解析】**考查的是辅助风机的启动过程。

当牵引风机或制动风机启动时,相应的风机信号灯亮;当风机启动加速到一定速度时,风速达到一定的压强时,相应风机的信号灯灭,表示相应的风机启动正常。

**【答案】**对。

**89.【题目】**

简述电力机车上蓄电池的功用。

【解析】考查的是蓄电池的作用。

蓄电池是化学能与电能相互转换的装置,它能把电能转变成化学能储存起来,使用时再把化学能转变为电能,而且变换过程是可逆的。在电力机车上,蓄电池作为110 V直流控制电源的辅助电源,同时也兼作110 V稳压电源的滤波元件。在机车升弓前或110 V稳压电源故障时可由它供电。正常工作情况下,蓄电池处于浮充电状态。

【答案】答案见解析。

## 90.【题目】

简述次边过流保护的控制电路路径。

【解析】考查的是控制电路里主变压器次边过流保护电路路径。

【答案】次边过流检测信号直接送入电子柜,电子柜判断次边过流时送出110 V电压信号,直接作用于565KA,565KA得电动作并自锁,最后使主断路器分断。其控制电路为:电子柜552线→565KA→400。电子柜1780→562KA常闭联锁→565KA常开联锁→565KA→400电路自锁。531→565KA常开联锁→544→4QF常开联锁→4QFF(主断路器分闸线圈)→4KF常开联锁→400。

## 91.【题目】

试述原边过流保护的控制电路路径。

【解析】考查的是控制电路里主变压器原边过流保护电路路径。

当原边过流继电器(101KC)检测到原边过流后,101KC吸合,其常开联锁,使原边过流中间继电器565KA得电吸合并自锁,其常开联锁使主断路器分断。其控制电路为:电子柜1780→10lKC常开联锁→565KA→400,电子柜1780—562KA常闭联锁→565KA常开联锁→565KA→400(自锁电路)。531→565KA常开联锁→544→4QF常开联锁→4QFF(主断路器分闸线圈)→4KF常开联锁→400。

【答案】答案见解析。

**92.【题目】**

简述 $SS_4$ 改型电力机车控制电路的主要组成部分和各组成部分的作用。

**【解析】** 考查的是控制电路的组成及各部分的作用。

直流电力机车控制电路由五大部分组成，它分为：(1)控制电源：直流 110 V 稳压控制电源及其配电电路。(2)整备(预备)控制电路：完成机车动车前的所有操作过程。(3)调速控制电路：完成机车的动车控制。(4)机车内部状态的信号控制电路：完成机车整车或某些部件的工作状态显示。(5)照明控制电路：完成机车内外照明及标志显示。

**【答案】** 答案见解析。

## 二、微机控制电路

**93.【题目】**

(1)直流电力机车采用的特性控制，兼备了恒流和(　　)控制的特点。

(2)直流电力机车控制电路采用了逻辑控制单元，可实现(　　)控制，提高了机车电气控制线路的可靠性。

**【解析】** 考查的是电力机车特性。

机车采用了恒流、准恒速的特性控制方式，装有防空转/滑行保护系统、轴重转移补偿装置等，采用 LCU 逻辑单控制单元及微机控制系统，可实现无触点控制，提高了机车电气控制线路的可靠性，使机车控制系统具有控制、诊断、监测功能。

**【答案】** (1)准恒速；(2)无触点。

**94.【题目】**

直流电力机车主电路接地时，主接地继电器动作，主断路器断开，主接地继电器的恢复线圈得电后，才可消除接地故障信号。(　　)

**【解析】** 考查的是主接地继电器的动作原理。

当故障消失后，司机台上的信号灯未能熄灭，只有通过主断路器的“合”按钮的恢复电路环节使恢复线圈短时间得电后，将红色指示杆吸入，联锁触头断开，继电器恢复正常状态，才可消除接地故障信号。

【答案】对。

**95.【题目】**

控制电压不在77～130 V范围内时，电子柜预备灯亮。（　　）

【解析】考查的是电子柜信号灯的电压范围。

电子柜预备灯的工作电压额定范围在77～130 V时，电子柜预备灯灭，反之灯亮。

【答案】对。

**96.【题目】**

直流电力机车当速度传感器故障或连接松脱时，会引起防空转保护误动作，从而引起电机电流不平衡。（　　）

【解析】考查的是空转的原因。

空转分为真空转和假空转，真空转即机车牵引力大于黏着力，此时轮对转数较高易擦伤钢轨；假空转是因为速度传感器及连线故障断路造成该轴速度反馈信号不正确，电子柜判断为轮对空转，降低牵引电流。

【答案】对。

**97.【题目】**

按压紧急按钮时，调速手轮不离开"0"位，主断不跳闸。（　　）

【解析】考查的是紧急制动保护过程。

紧急制动的控制信号来自信号柜和紧急制动按钮，这一信号线的标号是912,912号线接通主断路器的分闸电路，引起主断路器分闸。

【答案】错。

**98.【题目】**

为防止一台车两个司机室电源钥匙开关570QS同时闭合而造成机车窜车现象，在$SS_4$改型机车上加装了钥匙互锁控制环节。（　　）

**【解析】** 考查的是机车的钥匙互锁功能。

为了防止一台车两个司机电源钥匙开关570QS同时闭合，而造成机车窜车现象，在$SS_4$改型机车上加装了钥匙互锁控制环节。若两节车都给了钥匙，则两节车401号线都有电，两节车的569KA都得电动作，两个电子柜都处于接收状态，结果牵引无电流。

**【答案】** 对。

# 第十一章　空气管路与制动系统(DK-1型)

## 第一节　空气管路系统

**1.【题目】**

(1)韶山(SS)型电力机车的空气管路系统包括风源系统、(　　)系统、辅助气路系统和制动系统四大部分。

(2)韶山(SS)型电力机车空气管路系统按照作用原理可分为(　　)大部分。

A. 三　　B. 四　　C. 五

**【解析】** 考查的是空气管路系统的组成。

空气管路系统按照作用原理可分风源系统、机车制动机管路系统、控制管路系统和辅助管路系统四大部分。

**【答案】** (1)控制气路;(2)B。

**2.【题目】**

活塞式空气压缩机工作时,启动电空阀247YV排风不止的原因是(　　)。

A. 247YV下阀口泄漏或阀杆卡位

B. 247YV下阀口泄漏

C. 247YV下阀口堵塞

**【解析】** 考查的是空气压缩机工作时,启动电空阀247YV排风不止的原因。原因是启动电空阀247YV下阀口泄漏或阀杆卡位。

**【答案】** A。

**3.【题目】**

(1)为了减轻辅助压缩机的工作负担,在启动前应关闭(　　)以切除控制风缸 102。

(2)膜板塞门 97 开放会使辅助压缩机泵风时,辅助风缸压力上升(　　)。

A. 停止　　　　B. 缓慢　　　　C. 加快

(3)空气压缩机组作用是机车库停后,如果总风缸与控制风缸内压力均已低于主断路器分、合闸所需最低工作压力,无法升弓、合闸时,可启动空气压缩机组打风进行升弓合闸操作。(　　)

(4)试述机车上辅助压缩机的使用时机及打风操作要求。

**【解析】** 考查的是机车上辅助压缩机的使用时机及打风操作要求。

如果总风缸与控制风缸内风压均已低于主断路器分、合闸所需最低工作压力 450 kPa 而无法进行合闸时,可启动辅助压缩机打风,进行升弓及合闸操作。为了缩短辅助压缩机的打风时间,应在启动辅助压缩机前,关闭膜板塞门 97,切除控制风缸 102。当辅助风缸内压力上升到 600 kPa 以上时停止辅助压缩机运转,进行升弓、合闸操作。升弓、合闸后,应立即启动主压缩机打风,尽快恢复正常运用工况,并及时排出辅助风缸内的风。

**【答案】** (1)膜板塞门 97;(2)B;(3)错;(4)答案见解析。

### 4.【题目】

机车空气管路系统中压力控制器的整定值调整为:(750±20) kPa 时闭合,(　　)±20 kPa 断开。

**【解析】** 考查的是风源系统中压力控制器的整定值。

调整为:(750±20) kPa 闭合,(900±20) kPa 断开。

**【答案】** 900 kPa。

### 5.【题目】

试述 $SS_9$ 型电力机车库停后控制风缸供风时的工作通路。

**【解析】** 考查的是 $SS_9$ 型电力机车库停后控制风缸供风时的工作通路。

控制风缸 102 内储存的压缩空气,经开放的截断塞门 97 后分为 4 路:一路被止回阀 108 截止,不能进入总风缸;一路被止回阀 106 截止,不能进入辅助风缸;另一路经塞门145、分水滤清器207进入主断路器4QF风缸,供机车分、合闸使用;最后一路经调压阀52、钥匙开关箱,去往受电弓。

**【答案】** 答案见解析。

**6.【题目】**

使用辅助空气压缩机泵风后,应打开辅助风缸下方的排水塞门,以排尽积水。( )

**【解析】** 考查的是辅助风缸下方的排水塞门的使用。

使用辅助空气压缩机泵风后,应打开辅助风缸下方的排水塞门,以排尽积水。

**【答案】** 对。

**7.【题目】**

直流电力机车空气管路系统的作用是产生压缩空气并供给机车上的各种风动器械使用,实现机车及列车空气制动。( )

**【解析】** 考查的是直流电力机车空气管路系统的作用。

产生压缩空气并供给机车上的各种风动器械使用,实现机车及列车空气制动。

**【答案】** 对。

**8.【题目】**

机车空气干燥器故障后如何处理?

**【解析】** 考查的是机车空气干燥器故障后的处理办法。

(1)遇排泄电空阀故障排风不止时,可关闭滤清筒下方的塞门,切除干燥器的再生作用,使干燥器停止工作,但时间不宜过长,到段应及时处理不良处所,恢复干燥器的正常工作。(2)遇干燥器工作不正常,如出现漏风、堵塞等,设有干燥器短接塞门的机车,将干燥器的进、出风口关闭,开放短接塞门,维持机车运行。此时干燥器停止工作,回段及时处理。

**【答案】** 答案见解析。

# 第二节　DK-1 型电力制动机

**9.【题目】**

自动空气制动机的特点是：当向制动管内充气时制动机呈缓解状态，反之当制动管到达一定速率的减压时，则呈(　　)状态。

**【解析】** 考查的是自动空气制动机的特点。

当向制动管内充气时制动机呈缓解状态，反之当列车管到达一定速率的减压时，则呈制动状态。

**【答案】** 制动。

**10.【题目】**

电空制动机以电作为动力来源。(　　)

**【解析】** 考查的是电空制动机的概念。

电空制动机也以压力空气作为动力来源，但电空制动机用电(信号)来控制制动装置的制动、保压和缓解作用。

电空制动机的最大优点是全列车能迅速实现制动和缓解作用，且列车前、后动作一致性好，适用于高速旅客列车和长大货物列车。但由于增加了电控部分，结构比较复杂，比较容易引起故障。由于车辆混编等原因，目前只在旅客列车投入使用，未在货物列车应用。

**【答案】** 错。

**11.【题目】**

韶山(SS)型电力机车在电阻制动时，DK-1 型电空制动机能自动给予(　　)左右的减压量。

A. 20 kPa　　B. 60 kPa　　C. 40 kPa

**【解析】** 考查的是电阻制动时，DK-1 型电空制动机能自动给予 40 kPa 左右的减压量。

**【答案】** C。

## 12.【题目】

（1）试述 DK-1 型电空制动机主要由哪些部件组成？

（2）直流电力机车 DK-1 型电空制动机主要部件的控制关系？

**【解析】** 考查的是 DK-1 型电空制动机的主要组成部件以及主要部件的控制关系。

DK-1 型电空制动机由电空制动控制器、空气制动阀、电空阀、中继阀、分配阀、电动放风阀、紧急阀、压力开关、转换阀、重联阀、调压阀、分水滤气器、空气压缩机、总风缸及制动缸等组成。

DK-1 型电空制动机主要部件的控制关系。

（1）电空位：

电空制动控制器→电空阀→均衡风缸、过充风缸→中继阀→制动管（列车管）

→机车分配阀→机车制动缸。

→车辆制动机→车辆制动缸。

（2）空气位：

空气制动阀→均衡风缸→中继阀→制动管（列车管）

→机车分配阀→机车制动缸。

→车辆制动机→车辆制动缸。

（3）单缓机车：

空气制动阀（下压手把）→作用管→机车分配阀→机车制动缸。

**【答案】** 答案见解析。

## 13.【题目】

（1）设置均衡风缸是为了准确控制(　　)的减压量。

A. 总风管　　B. 作用管　　C. 制动管、列车管

（2）DK-1 型电空制动机中设置均衡风缸的目的是什么？

【解析】考查的是设置均衡风缸的目的。

电空制动控制器通过控制制动管、列车管减压量的多少来控制机车和车辆制动力的大小。而减压量一定时,其减压所需要的时间与制动管的容积成正比。若直接控制制动管、列车管减压时,因牵引的列车长短不固定,造成制动管、列车管的容积也不固定,排风时间和减压量就很难掌握,列车制动力不易掌握。因此设置了均衡风缸,通过控制均衡风缸间接减压的方式来控制制动管、列车管的减压量。

【答案】(1)C;(2)答案见解析。

## 14.【题目】

使用机车动力制动,在需要缓解时,应先解除动力制动,再缓解空气制动。(　　)

【解析】考查的是使用机车动力制动应遵守的规定。

(1)运行中需要调速时,应首先使用动力制动,当动力制动不能控制列车速度时,要及时配合使用空气制动。(2)电力机车给定制动励磁电流时,电流的升、降要做到平稳。(3)制动电流不得超过额定值。(4)动力制动与空气制动配合使用时,应将机车制动缸压力及时缓解为零(设有自动控制装置的机车除外)。(5)需要缓解时,应先缓解空气制动,再解除动力制动。(6)双机(或多机)牵引使用动力制动时,前部机车使用后,再通知后部机车依次使用;解除动力制动时,根据前部机车的通知,后部机车先解除,前部机车后解除动力制动。

【答案】错。

## 15.【题目】

试述$SS_4$改型电力机车采用加馈式电阻制动的优点是什么?

【解析】考查的是$SS_4$改型电力机车采用加馈式电阻制动的优点。

直流电力机车的动力制动采用加馈式电阻制动,是机车空气制动外的另一种制动方式,作为机车制动的一种辅助手段,通常在空气制动之前使用。它可使机车的制动力在低速范围内,保持最大制动力。这样可以大大降低闸瓦和轮箍的磨耗,提高提使用寿命,同时对钢轨也能起到保护作用;另外,采用加馈式电阻制动对客运列车的制动有更高的可靠性,使牵引电动机间电流的分配更加均匀,避免了采用其他动力制动方式可能引起的大电流的冲击;还可以提高列车运行速度,减少实际运行时间。

**【答案】** 答案见解析。

**16.【题目】**

什么是电力机车的加馈电阻制动?有何优点?

**【解析】** 考查的是电力机车加馈电阻制动的概念及有何优点。

加馈电阻制动又称为“补足”电阻制动,在常规电阻制动中,电机的电枢电流随着机车速度的减小而减小,机车轮周制动力也随着机车的速度变化而变化。加馈电阻制动就是为提高机车在低速运行时的轮周制动力,从电网中吸收电能,补足到电机的电枢电流中去,以获得理想的轮周制动力。

其优点一是加宽了调速范围,最大制动力可以延伸至接近零;二是能较方便地实现恒制动力控制。

**【答案】** 答案见解析。

## 第三节　DK-1 型电力制动机主要部件

### 一、电空制动控制器

**17.【题目】**

(1)电空制动控制器的功用是操纵(　　)的制动和缓解。

(2)DK-1 型制动机电空制动器(俗称大闸)用来操纵(　　)的制动和缓解。

**【解析】** 考查 DK-1 型制动机电空制动控制器的功用。

电空制动控制器的功用是操纵全列车的制动和缓解。

**【答案】** (1)全列车;(2)全列车。

**18.【题目】**

电空制动控制器在制动位时主要得电导线有 806、(　　)、813。

**【解析】** 考查的是电空制动控制器在制动位时主要得电的导线。

电空制动控制器在制动位时主要得电导线有 806、808、813。

**【答案】** 808。

**19.【题目】**

(1)电空制动控制器在运转位接通导线(　　)。

A. 803 和 806　　B. 803 和 809　　C. 803 和 805

(2)直流电力机车电空制动控制器运转时导线(　　)得电。

A. 803 和 806　　B. 803 和 809　　C. 803 和 805

(3)电空制动控制器运转位是(　　)。

A. 制动后应放的保压位置

B. 列车运行经常放的位置

C. 紧急放风阀排风必须放的位置

**【解析】** 考查的是直流电力机车电空制动控制器运转位作用及接通的导线。

电空制动控制器在运转位,是列车进行中、调速后的缓解及停车后再开车时所用的位置。接通导线有 803、809、813、836。

**【答案】** (1)B;(2)B;(3)B。

**20.【题目】**

电空位操纵,电空制动控制器置于紧急位,导线 804 失电。(　　)

**【解析】** 考查的是电空制动控制器置于紧急位接通的导线。

电空制动控制器置于紧急位,导线 804、812、806、821 得电。

**【答案】** 错。

**21.【题目】**

直流电力机车电空制动控制器中立位时,导线(　　)不得电。

A. 806　　B. 807　　C. 808

**【解析】** 考查的是电空制动控制器置于中立位时接通的导线。

电空制动控制器置于中立位,导线 806、807、813 得电。

**【答案】** C。

**22.【题目】**

换端操纵时,电空制动控制器手柄应该由(　　)位取出。

**【解析】** 考查的是换端操纵电空制动控制器手柄取出的位置。

电空制动控制器手柄在换端操纵时只能在重联位取出。

**【答案】** 重联。

**23.【题目】**

电空制动控制器在过充位接通导线(　　)。

A. 803 和 805　　B. 803 和 806　　C. 803 和 809

**【解析】** 考查的是电空制动控制器在过充位导线 803、805、813、836 得电。

**【答案】** A。

**24.【题目】**

试述 $SS_4$ 改型电力机车电空制动控制器各位置的功用。

**【解析】** 考查的是电空制动控制器各位置的功用。

(1)过充位:在长大下坡道区段,施行制动调速后,需要列车缓解,并将副风缸的压力空气迅速充满,以防再制动充风不足。立即停车时使用的位置。(2)运转位:列车运行经常放的位置,列车运行中、调速后的缓解及停车后再开车时所用的位置。(3)中立位:司机准备制动前,或实行制动后必须放置的位置。(4)制动位:该位置是司机在区间内进行调速,或在站内停车所用的位置。(5)重联位:该位置用于机车换端或机车重联。(6)紧急制动位:是在运行中遇有特殊情况需要立即停车时使用的位置。

**【答案】** 答案见解析。

## 二、电空阀

**25.【题目】**

(1)紧急电空阀的代号为(　　)。

(2)过充电空阀的代号为(　　)。

A. 253YV　　B. 258YV　　C. 252YV

(3)缓解电空阀的代号为(　　)。

**【解析】** DK-1 型电空制动机电空阀有:过充电空阀、中立电空阀、排风 1 电空阀、检查电空阀、排风 2 电空阀、制动电空阀、缓解电空阀、重联电空阀、紧急电空阀,代号分别为 252YV、253YV、254YV、255YV、256YV、257YV、258YV、259YV、94YV。

**【答案】** (1)94YV;(2)C;(3)258YV。

## 三、压力开关

### 26.【题目】

(1)压力开关 208 的动作压差为(　　)。

A. 190～230 kPa　　B. 170～190 kPa　　C. 140～170 kPa

(2)DK-1 型电空制动机的压力开关 208 是用来控制(　　)过量减压。

**【解析】** 考查的是 DK-1 型电空制动机的压力开关 208 的作用及动作压差。

压力开关 208 是为了自动控制动管最大减压量而设,其动作压力差为 190～230 kPa。

**【答案】** (1)A;(2)均衡风缸。

### 27.【题目】

传统的 DK-1 型电空制动机,压力开关 209 动作后将断开(　　)的通路,均衡风缸不能补风。

A. 导线 807 和 827　　B. 导线 807 和 800　　C. 导线 808 和 800

**【解析】** 考查的是传统的 DK-1 型电空制动机,压力开关 209 是为了满足初制动要求而设置,在动作时,断开导线 807 和 827,让 258YV 失电,不能让均衡风缸补风。

**【答案】** A。

## 四、中继阀

### 28.【题目】

(1)双阀口式中继阀用来根据(　　)的压力变化来控制制动管压力变

化的。

(2)中继阀是电空制动控制器及空气制动阀的执行元件,它依据(　　)的压力变化来控制列车制动管(列车管)的压力变化,从而完成列车的制动、保压和缓解。

(3)DK-1型电空制动机双阀口式中继阀主要是控制(　　)的充气和排气。

A. 制动缸管　　B. 均衡风缸管　　C. 列车制动管(列车管)

(4)(　　)压力的变化控制制动管(列车管)压力的变化。

A. 总风缸　　B. 作用管　　C. 均衡风缸

**【解析】** 考查的是双阀口式中继阀的作用。

中继阀是电空制动控制器及空气制动阀的执行元件,它依据均衡风缸的压力变化来控制列车制动管(列车管)的压力变化,从而完成列车的制动、保压和缓解。

**【答案】** (1)均衡风缸;(2)均衡风缸;(3)C;(4)C。

## 29.【题目】

(1)总风遮断阀的功用是适时的打开或关闭总风到(　　)的通路。

(2)总风遮断阀沟通的通路是(　　)。

A. 总风向双阀口式中继阀供风的通路

B. 总风向中立电空阀供风的通路

C. 均衡风缸的充风通路

(3)总风遮断阀沟通的通路是总风向中立电空阀供风的通路。(　　)

(4)DK-1型电空制动机的总风遮断阀的作用是控制(　　)的充风风源,以适应不同运行工况的要求。

**【解析】** 考查的是总风遮断阀的功用。

中继阀由双阀口式中继阀与总风遮断阀组成。总风遮断阀的功用是适时地打开或关闭总风到制动管双阀口式中继阀供风的通路。总风遮断阀的基本作用原理为:受中立电空阀253YV的控制,根据总风遮断阀管压力变化,从而使遮断阀套带动遮断阀左右移动,开启或关闭遮断阀口,以连通或切断总风通往双阀口式中继阀供气室的气路,控制列车管(制动管)的风源。

**【答案】**(1)制动管(列车管);(2)A;(3)错;(4)列车管(制动管)。

**30.【题目】**

(1)电空位操纵时,当电空制动控制器置过充位时,制动管(列车管)会获得比定压高(　　)kPa 的压力。

(2)电空位操纵,电空制动控制器在过充位,会使均衡风缸获得过充压力。(　　)

**【解析】**考查的是双阀口式中继阀在过充充气缓解位的工作原理。

如加速充风,当电空制动控制器手柄在过充位时,通过过充柱塞左侧充入总风缸压力空气,使过充柱塞右移,过充柱塞得端部顶在活塞上,相当于使均衡风缸增加了一部分压力,使供风阀的开启时间延长,以比制动管定压高 30～40 kPa 的压力向制动管充风,对较长列车和长大坡道上运行的列车的充气缓解极为有利。

**【答案】**(1)30～40;(2)错。

**31.【题目】**

中继阀过充柱塞中间空腔通列车管。(　　)

**【解析】**考查的是中继阀过充柱塞中间空腔通大气。

**【答案】**错。

**32.【题目】**

双阀口式中继阀在充气缓解位时,顶杆将顶开排气阀。(　　)

**【解析】**考查的是双阀口式中继阀在充气缓解位时的作用原理(包括过充缓解位)。

当主活塞左侧的压力增加时,膜板活塞向右移动,通过中心杆将供风阀打开,由遮断阀来的总风缸压力空气经开启的供风阀口直接充入制动管,同时经过 $\varphi 1$ mm 缩孔,使制动管与主活塞右侧沟通,随着制动管压力的增加,逐渐平衡主活塞左侧的压力,当两侧压力平衡时,供风阀自动关闭。如加速充风,当电空制动控制器手柄在过充位时,通过过充柱塞左侧充入总风缸压力空气,使过充柱塞右移,过充柱塞的端部顶在活塞上,相当于使均衡风缸增加了一部分压力,使供风阀的开启时间延长,以比制动管(列车管)定压稍高的压力向制动管(列车管)充风,对长列车和长大坡道上运行的列车的充气缓解极为有利。

**【答案】** 错。

**33.【题目】**

双阀口式中继阀在制动位时的作用原理。

**【解析】** 考查的是双阀口式中继阀在制动位时的作用原理。

当主活塞左侧均衡风缸压力降低时,模板活塞在右侧列车制动管压力作用下左移,通过顶杆带动将排气阀开启,列车制动(列车管)管压力经排气阀口排向大气,同时活塞右侧压力空气经缩孔,随同列车制动管(列车管)一起降低压力,逐渐平衡主活塞左侧压力,活塞右移逐渐缩小排气阀口,直至关闭。

**【答案】** 答案见解析。

## 五、电动放风阀及紧急放风阀

**34.【题目】**

(1)紧急放风阀和电动放风阀工作原理和动作结果相同。(　　)

(2)紧急放风阀是以(　　)为指令。

(3)电空制动控制器实施紧急制动时,下列叙述正确的是(　　)。

A. 紧急阀先动作,电动放风阀后动作

B. 电动放风阀先动作紧急阀后动作

C. 紧急阀,电动放风阀一起动作

(4)电空位操纵,电空制动控制器在紧急位时,紧急放风阀先动作,产生紧急制动作用。(　　)

**【解析】** 考查的是紧急放风阀与电动放风阀在作用上的区别。

紧急放风阀是以空气为指令,利用制动管(列车管)的迅速减压造成紧急活塞上下产生很大的压差,紧急活塞下移,使微动开关 95SA 接通 838 与 839 线,为中间继电器 451KA 准备好电路。当电空制动控制器手柄在运转位、过充位、中立位、制动位时均使 813 线得电，使 451KA 得电吸合，其常开联锁接通紧急电空阀 94YV，使电动放风阀动作，加速制动管排风，其常闭联锁断开 258YV 和 254YV，切断均衡风缸充气和作用管的排气通路，并根据手轮位置，使主断路器跳闸。

电动放风阀是以电信号为指令，使总风压力空气经紧急电空阀 94YV 的下阀口进入到电动放风阀的 A 室，使膜板上移打开放风阀口，使制动管的压力迅速排大气，产生紧急制动作用。当制动管(列车管)排风时，使紧急放风阀活塞上下产生很大的压差，活塞下移接通微动开关 95SA，当电空制动控制器手柄在运转位、过充位、中立位、制动位时 813 线均得电，使 451KA 得电吸合，造成排风 1 电空阀 254YV 和缓解电空阀 258YV 失电，切断了机车分配阀容积室排大气和均衡风缸的充风通路，保证列车制动作用的实施。

**【答案】**(1)错；(2)空气；(3)B；(4)错。

## 35.【题目】

电动放风阀活塞下方是(　　)的压力空气。

A. 制动管　　B. 总风　　C. 作用管

**【解析】**考查的是电动放风阀的工作原理。

804 失电，94YV 失电，使上阀口开启，同时下阀口关闭。使电动放风阀活塞下方压力空气排入大气，在弹簧作用下放风阀落座关闭制动管(列车管)通大气通路。804 得电，94YV 得电，使上阀口关闭，同时下阀口开启。使总风进入电动放风阀活塞下方，顶活塞上移，通过活塞杆顶开放风阀，制动管(列车管)通大气，使制动管(列车管)排风。

**【答案】**B(应在题目里加上“94YV 得电”的前提)。

## 36.【题目】

紧急放风阀的功用是在紧急制动时加快(　　)排风。使紧急制动作用可靠。

A. 作用管　　B. 制动管　　C. 均衡风缸管

**【解析】**考查的是紧急放风阀的功用是在紧急制动时加快制动管(列车管)排风，使紧急制动时作用可靠，以提高紧急制动的灵敏度和紧急制动波速。

**【答案】** B。

**37.【题目】**

紧急放风阀在紧急制动位时,紧急室的压力空气从缩孔Ⅰ向大气排出。(　　)

**【解析】** 考查的是紧急放风阀在紧急制动位时的作用原理。

当制动管按紧急制动速率排风时,活塞上方的压力空气通过缩孔Ⅱ逆流已来不及,紧急室压力高于下方制动管的压力,这就造成了紧急活塞上下方较大的压力差,紧急活塞下移,其活塞杆压下夹心阀,开放阀口使制动管急速排风。此时紧急室内的压力空气从缩孔Ⅲ缓慢排出,使阀口开放保持一定时间,以确保列车紧急制动作用。阀口开放的同时,传递杆也下移,顶开电开关,使制动管(列车管)风源被切断并断开主断路器。

**【答案】** 错。

**38.【题目】**

紧急放风阀紧急室压力在紧急制动时排大气的快慢,决定(　　)。

A. 电动放风阀的动作

B. 紧急制动作用的产生

C. 紧急制动后拖延时间的长短

**【解析】** 考查的是紧急放风阀缩孔Ⅲ的作用。

紧急制动位时,当制动管(列车管)按紧急制动速率排风时,活塞上方的压力空气通过缩孔Ⅱ逆流已来不及,紧急室压力高于下方制动管(列车管)的压力,这就造成了紧急活塞上下方较大的压力差,压下夹心阀,开放阀口使制动管急速排风,此时紧急室内的压力空气从缩孔Ⅰ与缩孔Ⅲ缓慢排出,使阀口开放保持一定时间,以确保列车紧急制动作用。

**【答案】** C。

**39.【题目】**

(1)在 DK-1 型电空制动机中,作为列车分离保护的部件是(　　)。

A. 分配阀　　　　B. 电动放风阀　　　　C. 紧急放风阀

(2)DK-1 型电空制动机有断钩保护性能。(　　)

**【解析】** 考查的是 DK-1 型电空制动机有断钩保护性能,在 DK-1 型电空制动机中,紧急放风阀是列车分离保护的部件。

**【答案】** (1)C;(2)对。

**40.【题目】**

紧急阀用来接受(　　)迅速下降的控制。经其动作后,连通另一条风路,从而提高制动波速。

**【解析】** 考查的是紧急阀用来接受列车管(制动管)压力迅速下降的控制。经其动作后,连通另一条风路,从而提高制动波速。

**【答案】** 列车管(制动管)压力。

**41.【题目】**

紧急阀是防止断钩的重要装置,它有充气位、(　　)位、紧急制动位等三个作用位。

**【解析】** 考查的是紧急阀是防止断钩的重要装置,它有充气位、常用制动位、紧急制动位等三个作用位。

**【答案】** 常用制动。

**42.【题目】**

试述 DK-1 型电空制动机紧急放风阀在紧急制动位时的作用原理。

**【解析】** 考查的是紧急放风阀在紧急制动位时的作用原理。

当制动管(列车管)按紧急制动速率排风时,活塞上方的压力空气通过缩孔Ⅱ逆流已来不及,紧急室压力高于下方制动管(列车管)的压力,这就造成了紧急活塞上下方较大的压力差,压下夹心阀,开放阀口使制动管(列车管)急速排风,此时紧急室内的压力空气从缩孔Ⅲ缓慢排出,使阀口开放保持一定时间,以确保列车紧急制动作用。阀口开放的同时,传递杆也下移,顶开电开关,使制动管(列车管)风源被切断并断开主断路器。

【答案】答案见解析。

**43.【题目】**

说明紧急放风阀在常用制动位时的作用原理?

【解析】考查的是紧急放风阀在常用制动位时的作用原理。

当制动管(列车管)按常用制动速度排风时,由于制动管(列车管)压力的下降,紧急活塞下部的压力降低,而紧急室的压力空气通过缩孔Ⅱ、Ⅰ逆流,因速度较慢,从而形成活塞上部压力稍高于活塞下部的压力,活塞克服弹簧的作用力下移,与上盖脱离,此时紧急室内压力空气就只能通过缩孔Ⅰ逆流到制动管,因缩孔Ⅰ较大,能适应常用制动时制动管(列车管)的减压速度,能使紧急室的压力与制动管(列车管)的压力同时下降,使紧急活塞悬在此位。当制动管(列车管)保压时,紧急活塞在弹簧力的作用下恢复到原位。

【答案】答案见解析。

## 六、分配阀

**44.【题目】**

(1)在初制动位时,除主活塞带动节制阀动作外,分配阀其他部分均在(　　)位置。

(2)109 型分配阀在初制动位时,除主活塞带动(　　)动作外,分配阀其他部分均在充气缓解位置。

【解析】考查的是 109 型分配阀在初制动位时的作用原理。

当制动管减压时,主活塞上部的制动管(列车管)压力降低,主阀活塞在工作风缸压力作用下,将带动节制阀上移,切断了制动管(列车管)与工作风缸的通路。节制阀使制动管(列车管)压缩空气一路通局减室,另一路同时经主阀安装面上的缩孔排入大气。上述通路的作用,能进一步加速制动管减压(增加主活塞两面的压差),即被称为第一阶段的局部减压,可促使主活塞进一步达到制动位置。在初制动位时,除主活塞带动节止阀动作外,分配阀其他部分均在充气缓解位置。

【答案】(1)充气缓解;(2)节制阀。

**45.【题目】**

(1)109 型分配阀在制动位时,工作风缸通过容积室向(  )下方充风。

A. 空心阀杆 B. 供气阀 C. 均衡活塞

**【解析】** 考查的是 109 型分配阀在制动位时的作用原理。

由于制动管(列车管)的进一步减压,主阀活塞继续上移,带动滑阀到达制动位置。此时工作风缸的压缩空气通过容积室,通向均衡活塞下方,使均衡活塞上移,首先空心阀杆端部密贴于供气阀而关闭排风口,然后继续上移顶开均衡阀,则总风缸压缩空气此时一路通向制动缸,另一路通向均衡活塞上方。

**【答案】** C。

**46.【题目】**

分配阀均衡活塞下方是(  )的压力空气。

A. 容积室 B. 制动缸 C. 工作风缸

**【解析】** 考查的是分配阀均衡活塞下方是容积室的压力空气。

**【答案】** A。

**47.【题目】**

109 型分配阀紧急制动非无动力回送时,在低压安全阀的保护下,容积室的压力不会超过(  )。

A. 500 kPa B. 600 kPa C. 450 kPa

**【解析】** 考查的是 109 型分配阀紧急制动非无动力回送时,在低压安全阀的保护下,容积室的压力不会超过 450 kPa。

**【答案】** C。

**48.【题目】**

(1)109 型分配阀在制动位与紧急制动位的相同点是分配阀的(  )位置相同。

(2)109 型分配阀在制动位与紧急制动位时分配阀主活塞所处的位置不

同,制动时处于下端,紧急制动时处于上顶端。(　　)

**【解析】** 考查的是109型分配阀在制动位与紧急制动位的相同点与不同点。

相同点:分配阀主活塞所处的位置相同,都处于上极端。不同点:制动位时,制动管(列车管)减压量较小,紧急增压阀不动作。而紧急制动时,制动管(列车管)减压量大(降至0),紧急增压阀动作上移并开放总风向容积室的供风通路,产生紧急制动作用,均衡阀上移开放的通路也较大。

**【答案】** (1)主活塞;(2)错。

**49.【题目】**

109分配阀在缓解位时,制动管(列车管)压力空气进入紧急增压阀上方与增压弹簧共同作用,使增压阀杆处于下部关闭位。(　　)

**【解析】** 考查的是109分配阀在缓解位时,制动管(列车管)压力空气进入紧急增压阀上方与增压弹簧共同作用,使增压阀杆处于下部关闭位。

**【答案】** 对。

**50.【题目】**

(1)DK-1型制动机的分配阀主阀部处于充风缓解位时,主阀部主活塞在其上侧列车管(制动管)压力作用下向下移动,开通了列车管向(　　)充风通路。

A. 工作风缸　　B. 容积室　　C. 机车制动缸

(2)分配阀主阀部是根据(　　)压力变化来控制容积室的压力变化。

**【解析】** 考查的是分配阀主阀部的作用及处于充风缓解位时的工作原理。

分配阀主阀部是利用列车管(制动管)与工作风缸的压力差来产生充风、局减、制动、保压等作用。

DK-1型制动机的分配阀主阀部处于充风缓解位时,主阀部主活塞在其上侧列车管压力作用下向下移动,开通了列车管(制动管)向工作风缸充风通路。

**【答案】** (1)A;(2)列车管(制动管)。

**51.【题目】**

(1)DK-1型电空制动机依靠机车分配阀来控制机车制动缸。(　　)

(2)DK-1 型电空制动机的分配阀的作用是根据(　　)压力变化来控制容积室(或作用管)的压力变化以实现机车的制动、缓解与保压作用。

(3)109 分配阀主要是由主阀部、均衡部、安全阀、中间体和(　　)等五部分组成。

**【解析】** 考查的是分配阀的作用和组成。

DK-1 型电空制动机是用机车分配阀来控制机车制动缸。

109 分配阀主要是由主阀部、均衡部、安全阀、中间体和紧急增压阀等五部分组成。分配阀主阀部是根据列车管(制动管)压力变化来控制容积室的压力变化。分配阀均衡部是通过容积室的充排气来控制制动缸的充排气,使机车达到制动、缓解、保压的目的。

**【答案】** (1)对;(2)列车管(制动管);(3)紧急增压阀。

## 52.【题目】

(1)SS 型电力机车无动力回送时,分配阀安全阀应调整至(　　)。

A. 150～200 kPa　　B. 200～250 kPa　　C. 250～300 kPa

(2)SS 型电力机车正常运用时,分配阀安全阀的正常调整压力为(　　)。

A. (300±10) kPa　　B. (450±10) kPa　　C. (600±10) kPa

(3)直流 SS 型电力机车无动力回送时,应将分配阀安全阀限制压力调为(　　) kPa。

**【解析】** 考查的是分配阀安全阀压力的调整。

分配阀安全阀的正常调整压力为(450±10) kPa;SS 型电力机车无动力回送时,分配阀安全阀应调整至(150～200) kPa。

**【答案】** (1)A;(2)B;(3)150～200。

## 53.【题目】

试述 $SS_4$ 型电力机车 109 型分配阀的组成、功用及其均衡部制动位的作用过程。

**【解析】** 考查的是 109 型分配阀的组成、功用及其均衡部制动位的作用过程。

109型分配阀由中间体(内部设有容积室和局减室)、主阀部、均衡部、紧急增压部、安全阀组成。

109型分配阀的功用:受电空制动器的控制,根据制动管(列车管)的压力增减的变化,控制机车的制动或缓解,也可以通过空气制动阀的控制,直接控制容积室内的压力变化,单独控制机车的制动或是缓解。

均衡部制动位的作用过程:当容积室增压时,均衡活塞下方的压力高于上方的压力,均衡活塞上移,打开供风阀口,使总风的风压由供风阀口向闸缸供风,同时经缩口Ⅱ向活塞上方充风。当活塞两端的压力平衡后,均衡阀口在弹簧的作用下关闭。

**【答案】** 答案见解析。

**54.【题目】**

当109分配阀容积室减压时,制动缸的压力空气使均衡活塞下移,此时空心阀杆离开供风阀,同时沟通了(　　)排大气的通路。

**【解析】** 考查的是均衡部缓解位的作用过程。

由于容积室缓解,均衡活塞失去平衡而下移,使活塞杆的顶面离开均衡阀而开放排风口,制动缸压力空气经活塞杆轴向中心孔和径向孔均衡部排风口排向大气,机车缓解。

**【答案】** 制动缸。

## 七、空气制动阀

**55.【题目】**

(1)简述空气制动阀的构造及功用。

(2)简述DK-1型电空制动机中空气制动阀的功用。

(3)DK-1型电空制动机空气制动阀上三个柱塞为转换柱塞、定位柱塞、(　　)柱塞。

**【解析】** 考查的是DK-1型电空制动机中空气制动阀的构造和功用。

空气制动阀主要由手柄、转轴、凸轮、凸轮箱、定位销、作用柱塞、定位柱塞、转换柱塞及电联锁开关等部件组成。

空气制动阀的功用是电空位时用来单独操纵机车的制动和缓解。当电空制动控制器部分发生故障不能继续使用时,可将空气制动阀转换成空气位对全列车进行操纵。

DK-1 型电空制动机空气制动阀上三个柱塞为转换柱塞、定位柱塞、作用柱塞,如图 11-1 所示。

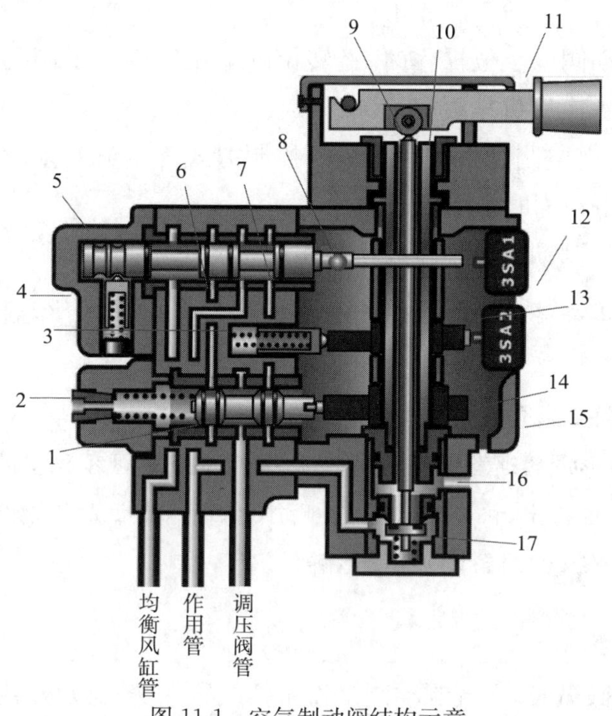


图 11-1　空气制动阀结构示意

1—作用柱塞;2—排风口;3—定位柱塞;4—阀体;5—转换柱塞;6—通道 a;7—通道 b;8—电空转换扳钮;9—顶杆;10—转轴;11—操作手柄;12—联锁微动开关组;13—定位凸轮;14—作用凸轮;15—凸轮盒;16—排风口;17—单缓阀

**【答案】** 答案见解析。

## 56.【题目】

(1)空气制动阀操作手柄回转有 4 个工作位置,(　　)运转位中立位和制动位。

(2)DK-1 型电空制动机空气制动阀操作手柄回转共有(　　)个工作位置。

A. 3　　B. 4　　C. 5

**【解析】** 考查的是空气制动阀的手柄位置。

空气制动阀操作手柄回转有4个工作位置:缓解位运转位中立位和制动位。

**【答案】** (1)缓解位;(2)B。

**57.【题目】**

(1)空气制动阀电空位操作时,运转位的作用是沟通了制动缸管(列车管)与大气的通路,从而使机车缓解。( )

(2)DK-1型电空制动机单缓机车的控制方式为空气制动阀(运转位)→作用管→机车分配阀→机车制动缸。( )

(3)简述空气制动阀电空位操作时缓解位的作用。

**【解析】** 考查的是DK-1型电空制动机电空位操作,空气制动阀置缓解位的作用原理。

手柄放缓解位后,作用柱塞受凸轮的推动向左移动一个升程,此时作用柱塞与转换柱塞共同形成的通路为作用管通大气。使分配阀容积室的压力空气由空气制动阀的排风口排出,机车单独缓解(此作用位时,定位凸轮未压缩电联锁)。

**【答案】** (1)错;(2)错;(3)答案见解析。

**58.【题目】**

(1)空气位操纵时,空气制动阀操作手柄放置在缓解位,作用柱塞开通了调压阀管到均衡风缸的通路。( )

(2)DK-1型电空制动机空气位操纵时,空气制动阀在缓解位,作用柱塞关闭了调压阀管到均衡风缸的通路。( )

(3)简述DK-1型制动机空气位操纵,空气制动阀置缓解位时的作用原理。

**【解析】** 考查的是空气位操纵时,空气制动阀操作手柄放置在缓解位的作用原理。

空气制动阀操作手柄放缓解位,作用柱塞得到一个升程,沟通了均衡风缸风管与调压阀管的通路(调压阀调到制动管规定压力)。调压阀把调整后的规定压力空气送入均衡风缸,使中继阀向制动管充风,车辆全部得到缓解。

【答案】(1)对;(2)错;(3)答案见解析。

## 59.【题目】

简述空气制动阀空气位操作时操作手柄放置在制动位的作用。

【解析】考查的是空气制动阀空气位操作时操作手柄放置在制动位的作用。

手柄置制动位,作用柱塞得到一个降程,切断调压阀至均衡风缸的通路,使均衡风缸与大气相通,均衡风缸减压,控制中继阀将制动管压力空气排向大气,机车和车辆产生制动作用。此时司机需机车单独缓解时,可将手柄下压,使作用管的风由心轴排风孔排出大气,形成单独缓解作用。

【答案】答案见解析。

## 60.【题目】

(1)DK-1 型电空制动机空气制动阀操作手柄放置在(　　)位时,总风压力空气经调压阀进入作用管。

A. 运转　　　B. 缓解　　　C. 制动

(2)简述 DK-1 型电空制动机电空位操纵,空气制动阀操作手柄放置制动位时的作用原理。

【解析】考查的是电空位操作,空气制动阀操作手柄放置在制动位的作用原理。

操作手柄放置在制动位时,作用柱塞受凸轮的影响,得到一个最大的降程,作用柱塞在弹簧的反作用下右移,调压阀管与作用管沟通,并关闭了作用管通大气的通路,以保证单独制动的作用(此位时定位柱塞凸轮压电开关,使排风 1 电空阀失电,关闭排风口)。

【答案】C(应在题目里加上电空位操作);(2)答案见解析。

## 61.【题目】

DK-1 型电空制动机空气制动在空气位操纵时,操作手柄为什么没有运转位的作用?

【解析】考查的是空气制动阀在空气位操纵时,由于转换柱塞带动微动开关断开电空制动控制器的电源,从而失去了定位柱塞在运转位的作用。通过微动开关控制排风1电空阀得电的作用,即作用柱塞在运转位与中立位时所处的位置相同,从而切断了均衡风缸的充风通路,又切断了均衡风缸的排风通路,呈中立状态。所以运转位的作用与中立位相同,欲使列车缓解,必须将空气制动阀置缓解位。欲单独缓解机车制动,下压手柄即可实现。

**【答案】** 答案见解析。

## 八、调压阀

### 62.【题目】

(1)调压阀55的调整压力为300 kPa。(　　)

(2)空气制动阀转空气位操作时,应将调压阀(　　)的输出压力调整为列车管定压。

A. 51或52　　B. 53或54　　C. 55

(3)DK-1型电空制动机无论电空位操作还是空气位操作,均通过调整调压阀55的输出压力来实现。

**【解析】** 考查的是电空位、空气位操作时,均衡风缸的压力由哪个调压阀来控制,调整压力是多少。

空气位操作时,用调压阀53或54的输出压力(500或600 kPa)控制均衡风缸的压力,从而控制列车管的定压。电空位操作时,用调压阀55的输出压力(500或600 kPa)控制均衡风缸的压力,从而控制列车管的定压。

**【答案】** (1)错;(2)B;(3)错。

## 九、转换阀

### 63.【题目】

(1)154塞门串接在两个(　　)之间。

(2)转换塞门154位于客车位时,制动管(列车管)定压应调整为(　　)。

A. 450 kPa　　B. 500 kPa　　C. 600 kPa

(3)转化阀154串接在两个(　　)间,为确保在不同制动管(列车管)定压下达到满意的初制动效果。

A. 初制风缸　　B. 均衡风缸　　C. 制动缸

**【解析】** 考查的是客货车转换塞门154串接在两个初制风缸58(Ⅰ)与63(Ⅱ)之间。为确保在不同制动管(列车管)定压下达到满意的初制动效果,在货车位时,制动管(列车管)定压500 kPa,应将转换塞门154置于货车位;而客车位时,制动管(列车管)定压600 kPa时,货运机车制动管(列车管)定压600 kPa,应将转换塞门154置于客车位,这是为了满足该型制动机在初制动时,保证后部反应较迟钝的三通阀,也能产生同样制动效果。

**【答案】** (1)初制风缸;(2)C;(3)A。

## 十、初制风缸

**64.【题目】**

DK-1型电空制动机为什么要设初制风缸?

**【解析】** 考查的是DK-1型制动机设置初制风缸,为的是在实施最小减压量时,即使电控制动控制器手柄在制动位短暂停留,也能保证均衡风缸的压力向初制风缸均衡,使制动管(列车管)得到最小有效减压量,并且大大缓和了压力回升现象,并使最小减压量得到控制,减压效果明显。

**【答案】** 答案见解析。

## 十一、无动力回送转置

**65.【题目】**

(1)机车无动力回送时,无动力回送塞门要(　　)。

A. 开放　　B. 隔离　　C. 关闭

(2)机车无动力回送时,要开放(　　)塞门。

A. 制动缸　　B. 无动力回送　　C. 总风缸

**【解析】** 考查的是机车无动力回送中,由于其空气压缩机无电停止使用,此时须开放机车无动力回送装置,由本务机车列车管(制动管)、机车无动力装置向无动力机车总风缸充风,以备无动力回送机车制动时使用。

【答案】(1)A;(2)B。

## 十二、重联转换阀

**66.【题目】**

重联转换阀的功用是在两节车或多机重联运行时,使所有机车的制动和缓解作用保持一致,并且在机车分离后,保持机车的制动作用。(　　)

【解析】考查重联转换阀的功用。

重联转换阀的功用是在两节车或多机重联运行时,使所有机车的制动和缓解作用保持一致,并且在机车分离后,保持机车的制动作用。

【答案】对。

# 第四节　DK-1 型电力制动机综合作用

**67.【题目】**

电空制动控制器在重联位时,(　　)。

A. 中继阀自锁

B. 均衡风缸不能与制动管沟通

C. 重联电空阀不得电

【解析】考查的是电空制动控制器在重联位时,259YV 得电,沟通列车管和均衡风缸,中继阀实现自锁。

【答案】A。

**68.【题目】**

(1)电空位操作,电空制动控制器在运转位时,空气制动阀也在运转位时(　　)电空阀得电,沟通了容积室与大气。

(2)DK-1 型电空制动机的排风 1 电空阀得电时,连通(　　)向大气排风的气路,以实现机车的缓解。

(3)简述 DK-1 型电空制动机排风 1 电空阀得电的条件及作用。

(4)DK-1型电空制动机排风1电空阀得电后的作用是什么？什么情况下得电？

**【解析】** 考查的是排风1电空阀得电的前提条件。

电空位操纵时电空控制器在运转位，空气制动机在运转位或缓解位。排风1电空阀得电的目的是将机车作用管的压力空气排出，以保证机车闸缸缓解的可靠性。

**【答案】** (1)排风1；(2)作用管；(3)答案见解析；(4)答案见解析。

**69.【题目】**

机车重联或无动力回送时，注意开放156塞门，以防本务机车制动后缓解时，重联或回送机车不能缓解。(　　)

**【解析】** 考查的是分配阀缓解塞门156的作用。

机车重联或无动力回送时，开放156塞门，分配阀"缓解位"时容积室的压缩空气156塞门排向大气。

**【答案】** 对。

**70.【题目】**

机车由重联转为本务机操纵时，使用制动机应注意什么？

**【解析】** 考查的是机车由重联转为本务机操纵时，使用制动机应注意的地方。

机车由重联转为本务机操纵时，应将操纵节重联阀打"本机位"，非操纵节打"补机位"，关闭分配阀156塞门并进行制动试验。运行中一旦忘记关闭156塞门，在需要制动时，应果断使用电空制动控制器紧急位或按紧急停车按钮停车。

**【答案】** 答案见解析。

**71.【题目】**

(1)空气制动阀在运转位，电空制动控制器在制动位时，中立电空阀253YV得电，关闭总风遮断阀，防止(　　)。

A. 向制动管补风　　B. 向均衡风缸补风　　C. 制动管排风

(2)空气制动阀在运转位,电空制动控制器在制动时,中立位电空阀253YV得电,关断总风遮断阀,防止总风向制动管(　　)。

A. 排风　　B. 充风　　C. 补风

**【解析】** 考查的是空气制动阀在运转位、电空制动控制器在制动位的综合作用。

该位置是司机在区间正常调速或在站内有目的有计划地停车所使用的位置。它与中立位配合使用,可使制动管实现阶段常用减压。电空制动控制器制动位时806线得电,使中立电空阀253YV得电,总风缸的压力空气经开放的中立电空阀253YV的下阀口进入到遮断阀活塞左侧,使中继阀的遮断阀关闭,防止制动时向制动管进行补风。

**【答案】** (1)A;(2)C。

**72.【题目】**

电空制动器运转位操纵时、排风1电空阀能否得电是受空气制动阀(　　)控制。

A. 作用柱塞的位置　　B. 转换柱塞的位置　　C. 定位柱塞的位置

**【解析】** 考查的是电空制动器运转位操纵时、排风1电空阀能否得电是受空气制动阀定位柱塞的位置控制。

**【答案】** C。

**73.【题目】**

机车过充压力消除是电空制动控制器手柄由过充位回运转位后,制动管过充压力是经(　　)排除。

A. 紧急阀　　B. 中继阀　　C. 分配阀

**【解析】** 考查的是过充压力消除是通过中继阀实现。

**【答案】** B。

**74.【题目】**

DK-1型电空制动机电空位操作,电空控制器制动后回中立位,下压空气制动

阀手柄,可实现全列车常用制动保压而单独缓解机车制动的功能。( )

**【解析】** 考查的是DK-1型电空制动机电空位操作,电空控制器制动后回中立位,下压空气制动阀手柄,可实现全列车常用制动保压而单独缓解机车制动的功能。

**【答案】** 对。

**75.【题目】**

DK-1型电空制动机电空控制器在运转位(或过充位)时,如列车产生紧急制动,需( )后移动其手柄至重联位再回运转位,才能缓解列车。

A. 5 s　　B. 10 s　　C. 15 s

**【解析】** 考查的是DK-1型电空制动机电空控制器在运转位(或过充位)时,如列车产生紧急制动,需15 s后移动其手柄至重联位再回运转位,才能缓解列车。

**【答案】** C。

**76.【题目】**

(1)DK-1型电空制动机电空控制器在运转位(或过充位)时,如列车产生紧急制动,需( )后移动其手柄至重联位再回运转位,才能缓解列车。

A. 5 s　　B. 10 s　　C. 15 s

(2)电空制动控制器紧急制动后,必须停留( )s后,才能缓解列车。

**【解析】** 考查的是紧急阀缩孔Ⅲ的作用。

在紧急制动位时,紧急阀缩孔Ⅲ限制紧急室的排风时间,以防后部车辆还没实施紧急制动。

**【答案】** (1)C;(2)15。

**77.【题目】**

DK-1型电空制动机电空位转空气位操作时,电空制动控制器手柄应放( )位。

**【解析】** 考查的是DK-1型电空制动机电空位转空气位操作时,电空制动控制器手柄应放运转位。

**【答案】** 运转。

**78.【题目】**

DK-1 型电空制动机电空位操作,空气制动阀位于中立位时机车的制动力( )

A. 不变　　B. 变大　　C. 由大变小

**【解析】** 考查的是电空位,空气制动阀控制机车;中立位,机车制动力不变。(实际上此题不严谨,没有给出电空制动控制器的位置)

**【答案】** A。

**79.【题目】**

DK-1 型电空制动机电空控制器手柄置紧急位不起紧急制动作用,遇紧急情况可迅速开放( )塞门。

A. 121　　B. 115　　C. 123

**【解析】** 考查的是 121 塞门可以迅速打开列车管通大气的通路,实现紧急制动作用。

**【答案】** A。

**80.【题目】**

DK-1 型制动机电空位操作时,单独制动阀(小闸)处于运转位,自动制动阀(大闸)在运转位是列车正常运行中手柄常放位置,是( )向全列车初充风、再充风以缓解列车制动所采用的位置。

A. 制动缸　　B. 均衡风缸　　C. 总风缸

**【解析】** 考查的是总风是列车管(制动管)充风风源。

**【答案】** C。

**81.【题目】**

电空制动控制器在制动前中立位与制动后中立位的作用完全相同。( )

【解析】考查的是电空位操纵，电空制动控制器在制动前中立位和制动后中立位是否完全相同。

相同点：806 线得电，中立电空阀 253YV 得电，总风遮断阀口关闭，切断了总风向制动管充风的通路。807 线得电，制动电空阀 257YV 得电，关闭了均衡风缸的排风口，均衡风缸停止减压。不同点：制动前的中立位，均衡风缸处于充风状态；制动后的中立位，均衡风缸处于减压后的保压状态。

【答案】错。

**82.【题目】**

(1)空气位时，空气制动阀在缓解位，中继阀呈(　　)。

A. 充气缓解位　　B. 过充缓解位　　C. 保压位

(2)空气位操作，空气制动阀移至制动位时，中继阀处于(　　)。

A. 保压位　　B. 紧急位　　C. 制动位

【解析】考查的是空气位操作时，空气制动阀在缓解位、制动位的综合作用及此时中继阀所处的位置。

空气位时，空气制动阀在制动位，作用柱塞得到一个降程，切断调压阀与均衡风缸的通路，使均衡风缸与大气沟通，由于均衡风缸减压，造成中继阀将制动管压力空气排向大气，机车和车辆产生制动作用。此时中继阀处于制动位。

空气位时，空气制动阀在缓解位，作用柱塞得到一个升程，沟通了均衡风缸风管与调压阀管的通路(调压阀调到制动管规定压力)。调压阀把调整后的规定压力空气送入均衡风缸，使中继阀向制动管充风，中继阀呈充气缓解位。

【答案】(1)A；(2)C。

**83.【题目】**

空气位时，空气制动阀在制动位，分配阀主阀部应处于(　　)。

A. 制动位　　B. 保压位　　C. 紧急制动位

【解析】考查的是空气位操作时，空气制动阀在制动位的作用及此时分配阀主阀部所处的位置。

空气位时，空气制动阀在制动位，作用柱塞得到一个降程，切断调压阀与均衡风缸的通路,使均衡风缸与大气沟通,由于均衡风缸减压,造成中继阀将制动管压力空气排向大气,机车和车辆产生制动作用。

由于列车管(制动管)压力下降,分配阀主阀部处于制动位。

**【答案】** A。

## 84.【题目】

(1)空气位操作,空气制动阀手柄置中立位,要单独缓解机车,只能(  )。

A. 上提手柄　　B. 下压手柄　　C. 拨动电空转换拨杆

(2)空气位操作时,空气制动阀在中立位可为全列车保压。(  )

**【解析】** 考查的是空气位操作时,空气制动阀在中立位的综合作用。

该位置是电空位故障转空气位时,需要保持列车制动力时所使用的位置。空气制动阀手柄置中立位,通过作用柱塞切断了调压阀管至均衡风缸之间的通路,也切断了均衡风缸通大气的通路,使得中继阀、分配阀都处于保压状态,机车和车辆均呈保压状态。由于电空制动控制器失电,排风J(1)电空阀254YV失电,下阀口关闭,分配阀容积室内的压力空气便不能排出,需要缓解机车的制动力时,司机可按压手柄使容积室内的压力空气经转轴下方的排风口排大气,使机车制动缓解,保持车辆制动力。

**【答案】** (1)B;(2)对。

## 85.【题目】

空气位操纵时,均衡风缸的排风由(  )完成的。

A. 制动电空阀　　B. 缓解和制动电空阀　　C. 空气制动阀

**【解析】** 空气制动阀空气位操纵时,在制动位,作用柱塞和转换柱塞共同形成的通路是均衡风缸通大气通路,因此均衡风缸排风由空气制动阀完成的。

**【答案】** C。

## 86.【题目】

DK-1型电空制动机空气位操作时,列车制动后,空气制动阀操作手柄放置运转位可单独缓解机车制动。(  )

**【解析】** 考查的是空气制动阀在空气位操纵时,空气制动阀操作手柄放置"运转位"能否单独缓解机车制动。

空气制动阀在空气位操纵,操作手柄放置运转位时,转换柱塞带动微动开关 SA(1)断开电空制动控制器的电源,从而失去了定位柱塞在运转位的作用,即通过微动开关 SA(2)控制排风$_1$ 电空阀 254YV 得电的作用。同时,作用柱塞即切断了均衡风缸的充气通路,又切断了均衡风缸的排气通路,呈中立状态。所以空气制动阀置"运转位"时,不能单独缓解机车制动。欲使车辆缓解,可将空气制动阀操作手柄置缓解位;欲单独缓解机车制动,可下压操作手柄即可实现。

**【答案】** 错。

## 87.【题目】

DK-1 型制动机电空位操作,空气制动阀运转位、电空制动控制器重联位时,制动电空阀得电,切断了均衡风缸排气口。(　　)

**【解析】** 考查的是制动电空阀得电的气路。

DK-1 型制动机电空位操作,空气制动阀运转位、电空制动控制器重联位时,缓解电空阀 258YV 失电,下阀口关闭,上阀口开启,开通了均衡风缸向初制风缸排风的气路;制动电空阀 257YV 得电,下阀口开启,上阀口关闭,关闭了初制风缸排风的气路,即切断了均衡风缸排气口。

**【答案】** 对。

## 88.【题目】

直流电力机车风路设备代号 157 的是(　　)塞门。

A. 分配阀缓解　　B. 电空制动屏总风　　C. 电动放风阀总风

**【解析】** 157 为电空制动屏柜总风塞门。

**【答案】** B。

## 89.【题目】

机车重联或无动力回送时,注意开放 156 塞门,以防本务机车制动后缓解

时,重联或回送机车不能缓解。(　　)

**【解析】** 考查的是机车重联或无动力回送时,注意开放156塞门,以防本务机车制动后缓解时,重联或回送机车不能缓解。

**【答案】** 对。

## 90.【题目】

电空位操纵时,电空制动控制器在重联位时,中继阀处于(　　)状态。

**【解析】** 考查的是中继阀的工作原理。

电空位操纵时,电空制动控制器在重联位时,重联电空阀259YV得电,直接沟通了制动管(列车管)与均衡风缸,主活塞处于平衡状态,供风阀在其弹簧的作用下,关闭供风阀口,而排风阀两侧在其弹簧的作用下,关闭排风阀口。中继阀处于自锁状态。

**【答案】** 自锁。

## 91.【题目】

运行途中,司机施行紧急制动时,DK-1型电空制动机的(　　)先动作。

A. 中继阀　　B. 电动放风阀　　C. 紧急放风阀

**【解析】** 考查的是司机施行紧急制动时发出的是电信号,电动放风阀先动作。

**【答案】** B。

## 92.【题目】

DK-1型电空制动机空气位操作前的准备工作有哪些?

**【解析】** 考查的是DK-1型电空制动机空气位操作前的准备工作。

(1)将空气制动阀上的电空转换扳键扳至空气位。(2)将空气制动阀放缓解位,将调压阀53(54)调整到制动管(列车管)所规定的压力500 kPa或600 kPa。(3)将空气柜上的电—空转换阀153扳置空气位。(4)将电空制动控制器手柄放运转位,不得随意扳动。

**【答案】** 答案见解析。

**93.【题目】**

DK-1 型电空制动机空气制动阀在空气位操纵时，为什么空气制动阀在运转位不能缓解机车？

**【解析】** 考查的是空气制动阀在空气位操纵时，运转位的综合作用。

空气制动阀手柄置运转位，通过作用柱塞切断了调压阀管至均衡风缸之间的通路，也切断了均衡风缸通大气的通路，使得中继阀、分配阀都处于保压状态，机车和车辆均呈保压状态。

由于电空制动控制器失电，排风 1 电空阀 254YV 失电，下阀口关闭，分配阀容积室内的压力空气便不能排出，需要缓解机车的制动力时，司机可按压手柄，使容积室内的压力空气经转轴下方的排风口排大气，使机车制动缓解，保持车辆制动力。

**【答案】** 答案见解析。

**94.【题目】**

DK-1 型制动机电空位操作，单独制动阀(小闸)、自动制动阀(大闸)均在运转位时，作用管风压排大气经路为：作用管(包括分配阀 101 容积室)→排风 2 电空阀 256YV 下阀口→大气。(　　)

**【解析】** 考查的是 DK-1 型制动机电空位操作。

单独制动阀(小闸)、自动制动阀(大闸)均在运转位时，作用管排风通路。作用管(包括分配阀 101 容积室)→排风 1 电空阀 254YV 下阀口→大气。

**【答案】** 错。

## 第五节　DK-1 型电力制动机辅助作用

**95.【题目】**

(1)钮子开关 465QS 用于切除(　　)初减压。

(2)钮子开关 465QS 用于切除电阻制动初减压。(　　)

**【解析】** 考查的是钮子开关 465QS 的作用。

钮子开关465QS用于切除电阻制动初减压。

**【答案】**(1)电阻制动;(2)对。

**96.【题目】**

(1)传流DK-1型电空制动机,466QS有三个作用位置,分别是切除位、(　　)、手动缓解空气制动位。

(2)传流DK-1型电空制动机,空电联合制动的切换由转换开关(　　)控制。

A. 463QS　　B. 466QS　　C. 464QS

(3)传流DK-1型电空制动机,空电联合制动的切换由转换开关466QS控制。(　　)

**【解析】**传流DK-1型电空制动机,空气管柜上的空电联合转换开关466QS控制空电联合制动的切换,由该开关有三个位置:“0”位切除,“Ⅰ”位自动缓解空气制动,“Ⅱ”位手动缓解空气制动。

**【答案】**(1)自动缓解空气制动位;(2)B;(3)对。

**97.【题目】**

下列关于DK-1电空制动机辅助性能不正确的一项是(　　)

A. 断钩保护性能　　B. 速度监控　　C. 制动管畅通检查

**【解析】**考查的是DK-1电空制动机辅助性能。

辅助性能有:(1)紧急制动时,自动切断动力源;(2)断钩保护性能;(3)制动主管畅通检查;(4)电阻制动与空气制动相互配合。

**【答案】**B。

## 第六节　DK-1型电力制动机故障处理

**98.【题目】**

电空制动控制器在紧急制动位不产生紧急制动的原因有(　　)。

A. 塞门116关闭　　B. 塞门158关闭　　C. 塞门121关闭

**【解析】** 考查的是DK-1型电空制动机电空制动控制器在紧急制动位不产生紧急制动的原因分析。

158塞门是总风通紧急电空阀94YV输入口的控制塞门,若158塞门关闭,总风无法通到电动放风阀膜板的下方,放风阀无法打开,紧急制动无法实施;总风通过紧急电空阀94YV开启的下阀口到电动放风阀膜板的下方,膜板上移,放风阀打开,117塞门是列车管(制动管)通电动放风阀排风阀的控制塞门,若117塞门关闭,列车管(制动管)的压力空气无法排向大气,紧急制动无法实施。

**【答案】** B。

**99.【题目】**

电空制动控制器在制动后中立位,均衡风缸继续减压至零的原因之一有(  )。

A. 缓解电空阀故障  B. 压力开关209故障  C. 制动电空阀故障

**【解析】** 考查的是电空制动控制器在制动后中立位,制动电空阀得电,关闭了均衡风缸的排风口,均衡风缸应处于减压后的保压状态。如果均衡风缸继续减压至零,原因是制动电空阀该得电而没有得电,原因之一是制动电空阀故障。

**【答案】** C。

**100.【题目】**

电空制动器在运转位,均衡风缸有压力而制动管(列车管)无压力,试分析其原因并叙述处理方法。

**【解析】** 考查的是电空制动器在运转位,均衡风缸有压力而制动管(列车管)无压力的原因。原因:

(1)中立电空阀253YV下阀口关闭不严;

(2)中继阀的遮断阀卡在关闭位,不能开启。

处理:

(1)将电空制动控制器手柄置中立位2～3次,看是否能恢复正常,如果不行可关闭157塞门,转空气位操纵,然后检查更换中立电空阀;

(2)转空气位操纵后,制动管仍无压力,可折检遮断阀,一时修不好,可抽出遮断阀,维持运行到段检修。

【答案】答案见解析。

**101.【题目】**

电空位操纵,电空制动控制器置于过充位,如过充电空阀 252YV 故障,制动管(列车管)中没有过充压力。( )

【解析】考查的是电空制动控制器过充位。

制动管(列车管)无过充量的原因有:

(1)过充电空阀 252YV 故障;

(2)过充风缸缩堵丢失。

【答案】对。

**102.【题目】**

传流 DK-1 型电空制动机,$SS_4$ 改型电力机车电阻制动时,调速手轮离开"0"位时,均衡风缸减压排风不止的原因是什么,如何判断?

【解析】原因:

(1)压力开关 209 不动作;

(2)中间继电器 452KA 的常开联锁未闭合。

判断:

可将 800 线与 822 线短接,如仍不停止排风,则为中间继电器 452KA 常开联锁未闭合,运行中电制前可将 465QS 放切除位。

【答案】见解析。

**103.【题目】**

DK-1 型电空制动机转空气位操纵时,空气制动阀手柄在缓解位,均衡风缸不充风的原因是空气制动阀上的( )转换不到位。

【解析】DK-1 型电空制动机转空气位操纵时,空气制动阀手柄在缓解位,均衡风缸不充风的原因是空气制动阀上的电空转换扳钮转换不到位。

【答案】电空转换扳钮转换塞柱。

**104.【题目】**

(1)DK-1 型电空制动机转空气位操作时,需紧急制动应将空气制动阀手柄置制动位,使用紧急停车按钮或开放 123 塞门。(　　)

(2)DK-1 型电空制动机转空气位操作时,需紧急制动应将空气制动阀手柄置制动位,使用(　　)或开放 121 塞门。

**【解析】** DK-1 型电空制动机转空气位操作时,需紧急制动应将空气制动阀手柄置制动位,使用紧急停车按钮或开放 121 塞门。

**【答案】** (1)错;(2)紧急停车按钮。

**105.【题目】**

空气制动阀电空位操作时,缓解位的作用是排风 1 电空阀得电,沟通了分配阀容积室与大气的通路,从而使机车缓解。(　　)

**【解析】** 考查的是空气制动阀电空位操作时运转位的作用。

排风 1 电空阀得电,沟通了分配阀容积室与大气的通路,从而使机车缓解。

**【答案】** 错。

**106.【题目】**

试述 DK-1 型制动机电空位操纵时,空气制动阀在运转位、电空制动控制器在运转位时的综合作用。

**【解析】** 考查的是空气制动阀在运转位、电空制动控制器在运转位的综合作用。

该位置是列车运行中,电空制动控制器手柄常放的位置,是向制动管(列车管)充风以缓解列车制动所采用的位置。

(1)电空制动控制器

传统 DK-1 型电空制动机,在此位时,导线 803 得电,经过中间继电器 455KA、452KA、451KA 的常闭联锁,使得缓解电空阀 258YV 和排风 2 电空阀 256YV 得电,下阀口开放,总风经 55 调压阀调整为 500 kPa 或 600 kPa,向均衡风缸与中继阀主活塞左侧充气。256YV 得电关闭过充风缸排气口,使得过充风缸的压力空气只能经风缸上的缩堵慢慢排出。

导线809得电,经空气制动阀上的微动开关3SA(2)和中间继电器455KA、452KA及451KA的常闭联锁,使排风1电空阀254YV得电,开放排风口。

(2)中继阀

均衡风缸压力上升,处于缓解充气位,主活塞左侧压力增高,推动活塞右移,带动活塞杆顶开供气阀,打开供气阀口,总风压力空气克服遮断弹簧反力,顶开遮断阀,经供气阀口充入制动管。制动管增压,车辆缓解。

(3)分配阀

由于制动管增压,分配阀处于充气缓解位,主阀部活塞上侧压力上升,推动活塞下移,带动滑阀开放制动管向工作风缸的充气通路,使工作风缸充气直至与制动管压力相等。

由于排风1电空阀得电开放排风口,使得分配阀容积室的压力空气经作用管、排风1电空阀排大气,容积室压力降低,使得分配阀均衡活塞下侧压力降低,活塞下移,活塞杆离开均衡阀,开放中心孔,制动缸的压力空气经开放的活塞杆中心孔排大气,机车缓解。

(4)重联阀

操纵节本机位,制动缸管通平均管,制动缸压力下降,平均管压力也随之下降;非操纵节补机位,作用管通平均管,由于平均管压力下降,容积室的压力经作用管随平均管压力一并下降,非操纵节分配阀均衡活塞下移,开放活塞杆中心孔,制动缸压力排大气,非操纵节机车缓解。

**【答案】** 答案见解析。

**107.【题目】**

(1)总风遮断阀卡在关闭位会出现(　　)的现象。

A. 均衡风缸不充风

B. 制动管不充风

C. 均衡风缸与制动管均不充风

(2)总风遮断阀卡在关闭位会出现制动管(列车管)不充风的现象。(　　)

(3)DK-1型电空制动机总风遮断阀卡在关闭位会出现(　　)的现象

A. 均衡风缸不充风

B. 列车管(列车管)不充风

C. 均衡风缸与制动管均不充风

**【解析】** 考查的是总风遮断阀卡在关闭位的故障。

总风遮断阀卡在关闭位，253YV 失电，总风遮断阀也不能打开，就切断了列车管(列车管)充风的风源。

**【答案】** (1)B;(2)对;(3)B。

**108.【题目】**

紧急放风阀的缩孔Ⅰ或Ⅱ半堵，电空制动控制器置于制动位时会产生紧急制动作用。(　　)

**【解析】** 考查的是缩孔Ⅰ和缩孔Ⅱ的作用。

缩孔Ⅱ的作用是缓解位时限制制动管向紧急室的充风速度；缩孔Ⅰ的作用是常用制动位时，限制紧急室向制动管的逆流速度。常用制动时，紧急室的压力空气向制动管逆流，如果缩孔Ⅰ或Ⅱ半堵，逆流速度会减慢，造成紧急活塞上下方压差增大，从而产生紧急制动作用。

**【答案】** 对。

**109.【题目】**

(1)简述缓解电空阀故障时的现象及处理。

(2)缓解电空阀故障时有哪些现象？如何维持列车运行？

**【解析】** 考查的是缓解电控阀故障时的现象及处理。

(1)该电空阀不得电，电空制动控制器运转位、过充位均衡风缸不充风。(2)缓解电空阀失电后下阀口关不严，制动后中立位不保压，均衡风缸回风。以上两种现象应转空气位操纵，回段检修。

**【答案】** 答案见解析。

## 第七节　DK-1 型电力制动机基础制动装置

**110.【题目】**

吊挂式单元制动器主要由制动缸、传动杠杆、(　　)调整器、制动箱体、闸

瓦等部件组成。(　　)

**【解析】** 吊挂式单元制动器主要由制动缸、传动杠杆、闸瓦间隙调整器、制动箱体、闸瓦等部件组成。

**【答案】** 闸瓦间隙。

# 第十二章　故障处理

## 第一节　直流电力机车常见故障处理及机车检查

**1.【题目】**

(1)缓解电空阀故障时的现象及处理。

(2)缓解电空阀故障时有哪些现象？如何维持列车运行？

**【解析】**(1)该电空阀不得电，电空制动控制器运转位、过充位均衡风缸不充风。(2)缓解电空阀失电后下阀口关不严，制动后中立位不保压，均衡风缸回风。以上两种现象应转空气位操纵，回段检修。

**【答案】**答案见解析。

**2.【题目】**

简述直流电力机车空气干燥器故障后的处理方法。

**【解析】**(1)遇排风电空阀故障排风不止时，可关闭滤清筒下方的塞门，切除干燥器的再生作用，使干燥器停止工作，但时间不宜过长，到段应及时处理不良处所，恢复干燥器的正常工作。(2)遇干燥器工作不正常，如出现漏风、堵塞等，设有干燥器短接塞门的机车，将干燥器的进、出风口关闭，开放短接塞门，维持机车运行。此时干燥器停止工作，回段及时处理。

**【答案】**答案见解析。

**3.【题目】**

检查机车时应做到哪些？

**【解析】**考查机车整备检查事项。

检查机车时应做到：顺序检查，不错不漏；姿势正确，步法不乱；锤分轻重，目标准确；目视耳听，仔细周到；鼻嗅手触，灵活熟练；仪表量具，运用自如；判断故障,迅速果断。

【答案】答案见解析。

## 第二节 机车整备检查与保养

### 4.【题目】

机车进入接车线后应注意,确认脱轨器、防护信号撤除后、显示连接信号、以不超过(　　)的速度平稳连接。

A. 5 km/h　　B. 10 km/h　　C. 15 km/h

【解析】考查的是机车进入挂车线后的注意事项。

(1)机车进入挂车线后,应严格控制速度,确认脱轨器、防护信号及停留车位置。(2)距脱轨器、防护信号、车列前 10 m 左右必须停车。(3)确认脱轨器、防护信号撤除后,显示连挂信号,以不超过 5 km/h 的速度平稳连挂。(4)连挂时,根据需要适量撒砂。

【答案】A。

### 5.【题目】

列车施行制动后不再进行缓解,根据列车减速情况,进行追加减压,即可使列车停于预定地点,叫作(　　)。

A 一段制动法　　B. 二段制动法　　C. 牵引辅助法

【解析】考查的是一段制动法和二段制动法的概念。

列车施行制动后不再进行缓解,根据列车减速情况进行追加减压,即可使列车停于预定地点,叫作一段制动法。

列车进站前施行调速制动,待列车到预定地点且速度降至所需要速度时进行缓解;进站充满风后再次施行停车制动,使列车停于站内预定地点,这种操纵方法叫作二段制动法。

【答案】A。

### 6.【题目】

为防止列车断钩,运行途中制动调速,严禁未排完风施行缓解、列车未完全

缓解就加速。( )

**【解析】** 考查的是列车运行中如何防止列车断钩。

在操纵中为防止列车断钩应做到:运行途中制动调速,严禁未排完风施行缓解,列车未完全缓解就加速。使用自动制动阀紧急制动或列车发生紧急制动时,应迅速将自动制动阀手柄推向制动位(或保压位),并解除机车牵引力。列车未停稳前不得充风缓解。货物列车惰力运行后,再加速不得过快,避免车钩拉伸过猛。

**【答案】** 对。

**7.【题目】**

(1)电机轴承加油太多,容易窜进电机内,降低绝缘。如果油窜至换向器表面,就会产生( ),损坏电机。

A. 污染 B. 火花 C. 击穿

(2)一般电机轴承的加油量应占输承空间的( )为宜。

A. 1/3 B. 1/2 C. 2/3

**【解析】** 考查的是电机轴承加油过多或过少的危害。

电机轴承加油太少了,会润滑不良,造成发热烧损;加油太多,则当轴承温度升高时,会造成散热不良,导致轴承发热甚至烧损。同时油量多还容易窜进电机内,降低绝缘;如果油窜至换向器表面,就会产生火花,烧坏电机。一般加油量应占整个轴承室的 2/3 为宜。

**【答案】** (1)B;(2)C。

**8.【题目】**

列车运行中进入机械间巡视检查前必须呼唤,经司机同意后方可进入。检查时,禁止接触各运动部件及高温或带电的部件,确保人身安全。( )

**【解析】** 考查的是进入机械间巡视检查时的注意事项。

列车运行中进入机械间巡视检查前必须呼唤,经司机同意后方可进入。检查时,禁止接触各运动部件及高温或带电的部件,确保人身安全。

**【答案】** 对。

**9.【题目】**

机车撒砂要注意哪些事项?

**【解析】** 考查的是机车撒砂时的注意事项。

(1)撒砂量不要过多。(2)已发生空转时,应当减低牵引力,空转停止后再适量撒砂。(3)列车紧急停车,速度较低时应少量撒砂。

**【答案】** 答案见解析。

**10.【题目】**

(1)为防止空转,通过道岔群时提手柄不要过急过快,遇有空转时立即(　　)。

A. 撒砂　　B. 提高牵引力　　C. 降低牵引力

(2)为防止空转,通过道岔群时提手柄不要过急过快,遇有空转时立即(　　)。

**【解析】** 考查的是防空转的处理办法。

防止空转和发生空转时处理办法:

(1)正在空转时,应立即降低牵引力,禁止撒砂。

(2)挂车前适当撒砂,列车启动前适当压缩车钩。

(3)通过道岔群时提手柄不要过急过快,遇有空转预兆时立即降低牵引力。

(4)掌握空转发生的规律,进入长大上坡道前,应尽可能提高列车运行速度,充分利用动能闯坡。防止因发生空转而造成坡停。

**【答案】** (1)C;(2)降低牵引力。

**11.【题目】**

机车在运行中,电机发生哪些情况时应断电检查?

**【解析】** 机车在运行中遇有下列情况之一时,应断电检查:

(1)电动机冒烟,起火。

(2)通电后,电机未启动,闻到异味,或有“嗡嗡”声出现。

(3)电动机联轴器损坏或负载装置发生故障。

(4)电动机轴承异音或损坏。

(5)电动机温升过高。

(6)机身振动剧烈。

(7)转速不稳定,忽高忽低。

凡发生上述现象时,一定要查明原因,及时处理。

**【答案】** 答案见解析。

## 12.【题目】

温度降低时,润滑油的黏度(　　)。

A. 加大　　B. 变小　　C. 不变

**【解析】** 考查的是润滑油的黏度与温度的关系。

当润滑油流动时,液体分子间的内摩擦阻力使液体流动性能下降,产生一种黏滞性,这种性能称为润滑油的黏度。

油脂黏度的变化取决于油脂的温度。温度升高时,其黏度就会下降,黏着性能也会下降。温度降低时,其黏度就会加大,流动性能降低。油温过低时甚至会失去流动性能,同样影响润滑作用。

**【答案】** A。

## 13.【题目】

在电化区段工作时应注意什么?

**【解析】** 考查的是电气化区段作业安全注意事项。

在电气化区段,接触网的各导线及其相连部件,通常均带有高压电,因此禁止直接或间接通过任何物件(如棒条、导线、水流等)与上述设备接触。当接触网的绝缘不良时,在其支柱、支撑结构及其金属结构上,在回流线与钢轨的连接点上,都可能出现高电压,因此应避免与上述部件相接触。当接触网绝缘损坏时,禁止接触。

**【答案】** 答案见解析。

## 14.【题目】

防止滑行的办法有哪些?

**【解析】** 考查的是防止滑行的办法。

防止滑行的办法:(1)适当掌握减压量。(2)低速制动时,一次减压量不可过大；机车制动力过大时，可用单阀适当缓解。(3)机车制动机紧急制动位的自动撒砂作用良好；列车发生紧急制动时，应在停车前适当撒砂。

**【答案】** 答案见解析。

## 15.【题目】

试述轮箍松缓的原因。

**【解析】** 轮箍松缓，俗称“动轮弛缓”“活轮”，是机车重大惯性事故之一，对行车安全危害极大，发生动轮弛缓的原因主要是：(1)机车停车制动装置未进行缓解走车；(2)制动不当，机车长时间带闸运行，或制动缸不能进行缓解引起轮箍发热松缓；(3)长时间空转，造成轮箍发热松缓；(4)动轮严重擦伤或剥离，造成冲击力过大，也易发生轮箍松缓；(5)材质不良或装配工艺不当；(6)电阻制动使用不当。

**【答案】** 答案见解析。